M. Immolata Wetter – Maria Ward unter dem Schatten der Inquisition

Gewidmet

allen Schwestern des Institutes B.M.V.

M. Immolata Wetter

Maria Ward

unter dem Schatten der Inquisition

1630 – 1637

Verlag Sankt Michaelsbund

Zum Titelbild:

Maria Ward, die Pilgerin

Ölgemälde, Original im Maria-Ward-Institut Augsburg.

Auf der Rückseite des Gemäldes ist geschrieben: „diese Bildnis ist von Jfr. [Jungfrau] Barbara Canwerin, verlobt allzeit im Novitiat zu bleiben. 1733."

Aufnahme: Fotodesign Peters, Schorndorf a. A.

ISBN 3-920821-31-9
Erste Auflage 2003

Umschlag: Atelier Klinger & Schug, München
Satz und Layout: Rudolf Kiendl, München
Druck und Bindung: C. H. Beck, Nördlingen

Inhalt

Vorwort

Das Buch wurde in dankbarem Andenken an P. Joseph Grisar S.J. geschrieben, dem Professor für neue Kirchengeschichte an der Päpstl. Universität Gregoriana Rom. Er war der erste und wohl der einzige, der im 20. Jahrhundert Einblick nehmen konnte in das Inquisitionsarchiv wie auch in alle anderen Schriften der Vatikanischen Archive. Über die vielen Vorgänge im Leben Maria Wards bedurfte es eines Urteils für die Entscheidung der Glaubenskongregation, ob der Bitte des Instituts B.M.V. um den Seligsprechungsprozess Maria Wards eine Zustimmung gegeben werden könne. P. Grisar's lateinische Arbeit von 247 Seiten lag im November 1931 vor dem Papst und den Kardinälen. Aufgrund dieser Ausführungen gab die Kongregation ihr Nihil obstat. P. Grisar blieb zeitlebens an das Schweigen des Heiligen Offiziums gebunden. Darum endet sein großes Buch von 1966 mit „Maria Ward vor der Gefangennahme". Die Erlaubnis, um die der Pater 1964 bat, die Dokumente des Hl. Offiziums für die Ausarbeitung der Positio benützen zu dürfen, konnte ihm nicht gewährt werden. Erst mit der offiziellen Eröffnung im Januar 1998 war der Zugang zu den Dokumenten möglich.

In dem kleinen Buch wird ein bisher weithin unbekannter Abschnitt aus dem ereignisreichen Leben der Gründerin Maria Ward vorgelegt, der erst durch die Eröffnung des Archivs der Glaubenskongregation in Rom zugänglich wurde. Es geht um die Dokumente von 1630 ab, als Maria in den Schatten der Inquisition geraten war, in den sie sich selbst hineingebracht hatte. Wie geht es dieser Frau unter dem Verdacht des Glaubens, dieser englischen Dame mit ihrem starken Sinn für Freiheit, die sich von Natur aus gegen Einschränkungen derselben wehrte, dieser Katholikin aus dem Land, wo der katholische Glaube verfolgt wurde und die mit ihrem Einsatz dort zu Hilfe kommen wollte? Sie stand vor der Inquisition mit Ehrfurcht und Zuversicht, ohne alle Angst. Ihre Stärke war nicht bloß Gabe ihrer Natur; sie lebte im Vertrauen auf Gott und in einer inneren Zusicherung, deren sie gewiss war. Auch vor Urban VIII. kam keine Verunsicherung und Furcht in ihr auf, wenn sie sich auch gelegentlich bei ihm wohl als fremde Frau fühlte. Der Papst war für sie der Stellvertreter Christi; von ihm erwartete sie die Zusage für ihre Gründung; diese Erwartung ging mit ihr auch durch die Schattenjahre, wie noch ihr letzter Brief an den Papst erkennen lässt.

Die Tätigkeit des Heiligen Offiziums, die der Aufhebung der englischen Gründung diente, spielte sich vor allem an drei Hauptorten ab: Rom – München – Lüttich. Zeitweise sind etliche andere Orte einbezogen. Die Postverbindung dürfte im allgemeinen gut und zuverlässig gewesen sein. Immer waren drei bis vier Wochen einzubeziehen, bis die Sendung an ihrem Ziel eintreffen konnte. Relativ selten wurden Briefe vermisst. Die meisten Nachrichten kamen vom Kölner Nuntius Pierluigi Carafa, der in Lüttich wohnte, vom Verantwortlichen in München, Dekan Dr. Jakob Golla. Es gab auch eine Reihe von Bittbriefen von Maria Ward und ihren Gefährtinnen, die an den Papst und die Kardinäle gerichtet waren. Sie kamen ebenfalls in den Sitzungen des Heiligen Offiziums zur Vorlage und meistens brachten dann Dekrete die Entscheidungen des Papstes. Die Dekrete sind wie Wegweiser, die den Gang der Dinge bestimmten. Die längsten Schreiben stammen von den Gefährtinnen und gingen an Gefährtinnen; sie kamen alle an das Hl. Offizium in Rom, nicht weil sie abgefangen worden wären, sondern weil sie von den Gefährtinnen übergeben wurden, um die Unschuld der beiden gefangenen Frauen und die Lage derer zu beweisen, die mit Maria Ward verbunden blieben. In ihnen ist eine Art Rechtfertigung zu sehen. Aus den Briefen sollte entnommen werden, dass den Frauen keine Schuld zugesprochen werden könne.

In dem ganzen Vorgehen gibt es erregende Momente; es ist wie ein Drama mit zwei Hauptakteuren, dem Papst und der Gründerin.

Beide haben einen Kreis von Mitwirkenden um sich: der Papst die Kardinäle der Inquisition und weiterhin die Kurie, Maria Ward ihre Gefährtinnen, die manchmal wie hinter einem Zaun standen, den sie gerne überstiegen hätten.
Hier geht es um die Dokumente der Inquisition, die meist in sehr zusammengefasster Form vorgelegt werden. Eine spätere Arbeit wird hoffentlich nach weiteren Studien zu größerer Vertiefung kommen, und noch mehr Licht in das Ganze einbringen. Hier wird alles in einem bescheidenen Rahmen dargelegt.

Augsburg, 2. Mai 2002 M. Immolata Wetter I.B.M.V.

Überblick über die Vorgeschichte

In der folgenden Arbeit geht es um die Jahre 1630 bis 1637, als Maria Ward in den Schatten der Inquisition kam und darin verbleiben musste, bis sie nach Spa und England zurückkehren konnte. Das einzigartige Drama wurde von zwei Hauptpersonen bestritten, von Papst Urban VIII. und der Engländerin Maria Ward. Beide trafen sich nicht erst 1630. Schon im Jahr nach der Wahl von Maffeo Barberini stand Maria mit ihrer Bitte um die Approbation für ihr Institut vor dem Pontifex. Darum dürfte ein kurzer Überblick über die Begegnungen in den Jahren vor 1630 nützlich sein.

Maria Ward hatte schon beim Vorgänger Urbans VIII., Papst Gregor XV., ihre Bitte um die kirchliche Anerkennung ihrer Gründung vorgebracht. Sie blieb auch vor dem neuen Papst stehen und bat um eine Audienz, die ihr im Oktober 1624 in Mondragone bei Tusculum gewährt wurde. Urban VIII. hatte schon in der Kongregation der Bischöfe und Regularen von dem neuartigen Institut gehört und die Verhandlungen über diese Gründung der Propagandakongregation übertragen, die ja auch die Angelegenheiten der englischen Katholiken zu besorgen hatte. Obwohl Maria keine Klausur annehmen wollte, hoffte sie trotzdem auf eine Anerkennung ihres Werkes. Auch hatte der Papst schon von den drei Gründungen in Italien gehört; er verbot dieselben im Jahr 1625. Die Aufhebungen brachten keine großen Konflikte; nur der Auszug aus dem römischen Mietshaus und die Aufgabe der Schule wurden als große Härte empfunden.

Doch drei Jahre später kam ein Unbehagen über den Papst, das seine Folgen hatte. Dass das Institut so genau der Gesellschaft Jesu zu folgen suchte, mag er schon mit einem Stirnrunzeln verfolgt haben. Doch die Gründungen in München und Wien durch die Hilfe des Kurfürsten Maximilians I. und des Kaisers Ferdinands II. bereiteten ihm eine schwere Sorge. Gerade in den turbulenten Zeiten des

Dreißigjährigen Krieges brauchte er diese katholischen Fürsten. Wie würde er sie von der Unterstützung des Institutes abbringen, das sich der Ordnung der Kirche nicht einfügen wollte? Wieder brachten die englischen Weltpriester eine Sammlung von verleumderischen Vorgängen und Skandalen gegen die Jesuitinnen vor, mit denen sie wohl mehr die Jesuiten als die Jesuitinnen zu treffen suchten; solche Sendungen kamen immer an die Kurie, wenn die Frauen einen Erfolg zu haben schienen. Aber es kamen auch beunruhigende Berichte von den Nuntien, die vor allem meldeten, mit welcher Energie diese Frau eine Gründung in Prag erreichen wollte. Das neue Werk erschien nun dem Papst immer gefährlicher; eine Partikularkongregation sollte über das Institut beraten. Dann aber hob Urban VIII. am 7. Juli 1628 Marias Gründung auf. An diese kam keine Nachricht darüber. In der Umgebung des Papstes und auch in ihm selbst mag die Frage aufgekommen sein, ob die vollzogene Aufhebung die beiden Fürsten von einer weiteren Unterstützung der Engländerin abhalten werde. Persönlich wollte er den Herrschern mit seinem Anliegen nicht entgegentreten. So beauftragte er Kardinal Millini und den Sekretär der Propaganda Francesco Ingoli mit der Vorbereitung einer Bulle, falls eine solche nötig werden sollte.

Maria Ward hörte von der Bedrohung ihrer Niederlassungen. In krankem Zustand reiste sie zum zweiten Mal nach Rom. Wieder bat sie um eine Audienz, die sie im Mai 1629 in Castelgandolfo erhielt. Schon zuvor hatte sie dem Papst eine lange Supplik gesandt mit einem Überblick über die zwanzigjährige Entwicklung und Tätigkeit ihres Instituts. Sie bat um die Entscheidung des Papstes für ihre Gründung und um eine Untersuchung der gegen sie und ihre Gefährtinnen vorgebrachten Anklagen; in diesen sah die Gründerin den Hauptgrund für das Vorgehen gegen das ganze Werk. Sicher ging die Generaloberin mit großer Erwartung nach Castelgandolfo und sah der Antwort auf ihre Bitte entgegen. Doch der Papst sprach nicht aus, was er am 7. Juli verkündet hatte, von dem sie sicher im römischen Gerede einiges gehört hatte. Es gehörte ja zu den Höflichkeiten der Päpste wie auch anderer Vorgesetzten, negative Entscheide den Besuchern nicht unmittelbar in einer Audienz mitzuteilen. Das war den Bischöfen oder den untergeordneten Vorgesetzten zu übertragen. Die arme Engländerin hatte keinen Bischof, der ihre Sache vertrat, es gab ja keinen einzigen Episcopus mehr in ihrer Heimat. Nach einem Wort aus dem Brief des Wiener Nuntius Pallotta habe sie den Papst in guter Disposition verlassen. Erst ein Jahr später hatte Urban VIII. wieder mit Maria Ward zu tun. Doch kam es lange nicht mehr zu einem Wiedersehen. Ein Brief und tragische Szenen folgten und brachten Maria Ward in den Verdacht der Inquisition. Das Drama spielte sich in der Folge in drei Ländern ab: in Rom, in Lüttich und München.

Es war ein Glück für die volle Kenntnis der Geschichte Maria Wards wie für die bessere Einsicht in ihr Wesen, dass sich die bisher verborgenen Vorgänge verfolgen ließen mit der Eröffnung des Inquisitionsarchivs im Januar 1998. Was wurde dort gefunden? An Dekreten mit den Entscheidungen, die zumeist vom Papst persönlich getroffen wurden, liegen gut 70 solche Orientierungssteine vor. Achtzehn Schreiben Maria Wards und ihrer Gefährtinnen an den Papst und die Kardinäle der Inquisition finden sich in den über 150 Dokumenten. Alle diese Schreiben gehören in das Jahrzehnt 1630–1640. Die Dekrete zeigen klar den Weg, den Maria Ward zu gehen hatte. Auch wenn kein ungerechtes Vorgehen erfolgte, muss man von einem Leidensweg sprechen, den diese Engländerin nun beschreiten musste.

I.
Maria Wards Brief vom 6. April 1630

Maria Ward weilte bei ihrem zweiten Romaufenthalt bis in den April 1630 in der Ewigen Stadt. Sie mag mit Trauer auf das nun verflossene Jahr gesehen haben. Sie hatte beim Papst nichts erreicht, nicht die Antwort gehört, von der sie die Leute reden hörte. Zwar hatte sie Freunde, aber sie konnten ihr nicht helfen. Dazu gab es auch viele Konflikte; so beschwerte sich z. B. der Wiener Kardinal Klesl, weil zur Eröffnung des Hauses seine Genehmigung nicht eingeholt worden war. Es gab auch viele Schwierigkeiten mit den Jesuiten. Maria stand in großer Unsicherheit, gab aber die Hoffnung nicht auf und glaubte weiterhin, ihr Institut zu retten.
Noch in Rom, schrieb sie am 6. April 1630 einen Brief an ihre Gefährtinnen in Trier, Köln und Lüttich. Dieser Brief wurde für sie gleichsam zum Tunnel, den sie durchlief, um sich in den Schatten der Inquisition hineinzubringen. Das Schreiben liegt nicht im englischen Original vor; Einleitung und Schluss fehlen überhaupt; das Schreiben selbst kam nur in lateinischer Übersetzung vor die Lütticher Augen und vor die römischen. Pater Joseph Grisar entdeckte es im Propagandaarchiv und veröffentlichte es 1927 in den Stimmen der Zeit.[1)]
Was steht in dem Brief? Einleitend spricht Maria ihr Erstaunen aus, dass die Mitglieder so schnell den Mut verlieren, obwohl so viel Grund zur Hoffnung gegeben sei. Im Blick auf den armseligen Zustand der Häuser, auf das verschuldete Lüttich, auf die bittere Armut in Trier, konnte nur eine Maria Ward „von so viel Grund zur Hoffnung" sprechen.
Die Generaloberin suchte dann zu klären, was zu tun sei: werde es zu Aufhebungen kommen, sollten die Gefährtinnen wissen, ein solches Vorgehen stütze sich auf falsche Anklagen, die Anordnung stamme von einem dem Institut feindlich gesinnten Kardinal, dessen Namen

Bentivoglio sie sogar nennt; der Papst wisse nichts von einem solchen Befehl, und auch der vom Papst bestellten Kardinalskommission sei nichts bekannt gemacht worden. Dann folgen die Anordnungen: die Aufhebungsbefehle dürften nicht angenommen werden; die Mitglieder sollten sich in Bescheidenheit und Ehrfurcht entschuldigen und mitteilen, was ihnen in diesem Brief geschrieben worden sei. Würden Bischöfe und Nuntien bis zur Exkommunikation vorgehen, so mögen sie dies tun; Hilfe werde sich finden lassen.

Der Text des Briefes lautet:
„Ich bin erstaunt, dass die Unsrigen so schnell den Mut sinken lassen, während sie doch so viel Grund zur Hoffnung haben. Aber Geduld! Bei meiner Rückkehr fand ich hier sechs Wochenbriefe von euch und anderen vor. Was die Anordnung zur Auflösung unseres Instituts und anderes dieser Art angeht, so sollt ihr wissen, dass die Grundlage für das, was gegen uns bestimmt worden ist, sich auf falsche Anklagen stützt, und dass die Dekrete von Kardinal Bentivoglio, dem alten Feind unseres Instituts, verfasst und ausgegangen sind. Die Anweisung kam ohne Kenntnis Seiner Heiligkeit zustande. Ihr dürft euch nicht wundern, dass ich früher nichts davon geschrieben habe; denn auch keinem der Kardinäle der Kongregation, die der Papst mit diesem Geschäft betraut hat, ist das bekannt geworden, außer dem vorgenannten, der allein Urheber und Förderer der Anordnung ist. Von der Anweisung hat mir zuerst die Mutter Campiana Mitteilung gemacht. Der Kardinal selbst aber wollte, ich sollte erst von der Sache erfahren, wenn sie ausgeführt sei.
Was auch kraft dieser Anordnung und von wem auch immer befohlen wird, es darf von den Unsrigen nicht angenommen werden; sie sollten sich mit aller Bescheidenheit und Ehrfurcht entschuldigen und antworten, sie wüssten von mir, dass der Verfasser dieses Dekrets unserem Institut abgeneigt sei, dass er es von sich aus, ohne Auftrag Seiner Heiligkeit und ohne Vorwissen der übrigen Kardinäle, denen

jene Angelegenheit gemeinsam übertragen worden war, geschrieben habe. Was ich früher schon mitteilte, (bleibt gültig): sollten Bischöfe oder Nuntien, woran ich nicht glaube, bis zur Verhängung der Exkommunikation vorgehen, so mögen sie das tun; es wird sich schon eine Hilfe finden lassen. Die Unsrigen sollen ihrem Institut treu bleiben, auch seinetwegen Verfolgung leiden, obgleich man zugeben muss, dass eine Verfolgung dieser Art als strengste Maßnahme zu betrachten ist, wenn man ihren Hergang richtig überlegt. Was die Lehre angeht, die die Unsrigen vom Gehorsam gegen die Vorgesetzten freizusprechen scheint, jedenfalls weiß ich nicht, wer das aufgebracht hat; die Erfahrung wird aber zeigen, dass nur der Verlust der göttlichen Gnade uns von jener unverdienten Seligkeit trennen kann." [2)]

Der Brief enthält also eine Aufforderung zum Ungehorsam gegen die kirchliche Autorität. Suchen wir in zwei Fragen dem Inhalt näher zu kommen: Was hat Maria Ward vom Aufhebungsvorhaben des Papstes gewusst? In welcher menschlichen Lage befand sie sich, als sie den Brief schrieb? Die Rätsel lassen sich nicht völlig lösen. Denn wir stehen mit den historischen Fragen auch vor dem Geheimnis der Person Maria Wards, dem wir auch sonst öfters begegnen.

Was wusste die Gründerin vom römischen Vorgehen gegen ihr Institut? Sicher fehlte ihr das erbetene, entscheidende Wort von Urban VIII., auf das sie gewartet hatte. Nun hielt sie wohl an dem fest, was sie als ihre persönliche Berufung in den Jahren vor den römischen Aufenthalten erfahren hatte. Es ist aber auch zu sagen, dass der Engländerin die römische Welt, auch die Kirche noch nicht ganz vertraut geworden war. Was hatte sie vom Aufhebungsdekret vom 7. Juli 1628 gewusst? Kardinal Barberini schrieb am 7. Oktober 1628 wörtlich an den Wiener Nuntius: „Das Dekret über die Angelegenheit kennen die Prokuratorin und ihre Gefährtinnen hier in Rom bereits".[3)] Das Wort betraf das Aufhebungsdekret vom 7. Juli 1628. Also hatte Elizabeth Keyes, die Oberin des Hauses, die Nachricht empfangen. Im Institut gab es damals die selbstverständlichen Wochenbriefe der Oberinnen an die Generaloberin. Maria Ward dürfte wohl in München nach drei bis vier Wochen diese Nachricht empfangen haben. Sie brach ja auch, um ihr Werk zu retten, am 2. Januar 1629 mitten im Winter zur Romreise auf.

Sie war eingeladen worden, vor der Partikularkongregation der vier Kardinäle über ihr Institut zu sprechen. Das mag ihren Glauben gestärkt haben, dass das letzte Wort des Papstes noch nicht gefallen sei.

Eine weitere Nachricht muss sie im April oder Mai erreicht haben. Der Austritt der damaligen Oberin des Lütticher Hauses, Anne Gage, wird sie sehr betroffen haben. Auf sie, die seit 1614 dem Institut angehörte, hatte die Generaloberin viel Vertrauen gesetzt. Noch vor dem 30. April 1630 verließ Gage, die Oberin, das Lütticher Haus. Anne Gage bat den Kölner Nuntius um die Dispens von ihrem Gelübde, in einen Orden einzutreten, das sie zusammen mit ihrem Keuschheitsgelübde abgelegt hatte, in der Hoffnung auf die Bestätigung des Instituts. Nun bat sie fünfzigjährig um Dispens, da sie nicht mehr in einen Orden eintreten wolle. In ihrem Schreiben an den Nuntius heißt es, dass ihre Hoffnung in ihrem Institut als Ordensfrau leben und sterben zu können, per decretum Sanctissimi geschwunden sei, und dass sie darum das Institut verlassen habe.[4)]

Historisch ist die Sicherheit gegeben, dass Maria Ward den bedrohten Zustand ihres Institutes kannte, dass sie wohl an ihrer Überzeugung festhielt, ihre Sache sei doch noch nicht endgültig entschieden, noch zu retten, hatte sie doch bei der letzten Audienz auch Liebenswürdigkeit vonseiten des Pontifex erfahren und kein endgültiges Wort vernommen.

Eigentlich muss Maria in Rom bis in die Katastrophenzeit bei entscheidenden Persönlichkeiten hohe Achtung erfahren haben; sonst hätte man sie längst fortgeschickt. Vielleicht hofften manche, sie werde sich noch für die Klausur entscheiden.

In welcher persönlichen Lage befand sich Maria in dieser Zeit? Die katholische Engländerin war wie ihre Landsleute ganz auf den Papst ausgerichtet; in ihren ersten zwanzig Lebensjahren in der Heimat sah sie keinen Bischof, keine Pfarrei, nur die Wanderpriester im Untergrund. Als sie dann ihr Institut gründete, war die Abhängigkeit vom Heiligen Stuhl, wie sie Ignatius eingeführt hatte, für sie selbstverständlich. Die Treue zum Papst hatte sich durch ihre Nähe zur Gesellschaft Jesu sicher noch verstärkt. Die Beziehung zwischen Papst – Bischof – Priester war noch nicht in ihre innere Welt eingezogen. Es war ihr kaum ganz klar geworden, dass die Befehle, die ein Nuntius oder ein Bischof ausführte, auf der päpstlichen Vollmacht gründeten. Sie hatte zwar viel Gutes von Bischöfen erfahren in St. Omer, in Perugia, in Köln und Lüttich und ebenso in Pressburg/Ungarn. Nun hatten die drei gelungenen Gründungen in München, Wien und Pressburg Marias Hoffnung auf die Zukunft gestärkt. In Rom allerdings bedeuteten gerade die drei Gründungen mit Hilfe der beiden katholischen Fürsten wie auch das Drängen der Generaloberin um eine Gründung in Prag Alarmzeichen.
In dieser Lage mit so großen Problemen stand Maria allein. Es fehlte ihr ein geistlicher Begleiter. Was war geschehen zwischen ihr und Pater John Gerard/Tomson, dem sie so viel Vertrauen entgegengebracht und der so viel für sie eingesetzt hatte? Seit 1627 war Pater Gerard Beichtvater im Englischen Kolleg in Rom, also erreichbar für Maria Ward, seit sie ab März 1629 in Rom weilte. Damals verlangte der General der Gesellschaft Jesu, Pater Mutius Vitelleschi, die Ordnung des Lütticher Schuldverhältnisses zwischen den englischen Frauen und den englischen Patres. Die Verhandlungen könnten manche Differenzen herauf- beschworen haben. Vielleicht kamen auch negative Nachrichten von seiner Nichte aus Wien, der dortigen Oberin Margaret Genison, an den Pater, die ihn aufhorchen ließen. Ohne Zweifel war P. Gerard die trostlose Lage des Instituts klar, aber offenbar fand er dafür kein Gehör mehr bei Maria. Von den wenigen Notizen des

Paters von 1630 im Generalatsarchiv der Gesellschaft Jesu fanden sich zwei kurze Aufzeichnungen, er habe sich der englischen Generalin widersetzt, als er ihren Stolz wahrgenommen habe. Aus der zweiten Notiz geht hervor, er sei den Jungfrauen zugetan gewesen, solange sie in ihrem ersten Eifer lebten; als sie aber Herrinnen ihrer selbst sein wollten und dem Apostolischen Stuhl nicht mehr gehorchten, habe er sich ihnen widersetzt.[5)] Was kann Pater Gerard als Ungehorsam angesprochen haben? Vielleicht den Widerstand gegen die Klausur, noch mehr den Brief, den sie am 6. April schrieb, falls sie noch mit ihm darüber gesprochen hatte. Der Bruch des Verhältnisses zwischen den beiden ließ sich bis heute nicht erklären; er war ein großes Unglück für Maria Ward.

Sehen wir die Erlebnisse zusammen und beziehen wir die Stärke von Marias Charakter ein, ist anzunehmen, dass sich in ihr eine gewisse Härte bildete, die sie zu stark an ihrer Angelegenheit festhalten ließ. So ging eine Unbeirrbarkeit in ihren Brief vom 6. April ein. In einem Schreiben an Winefrid Wigmore 1625 hatte Maria „die große Einsamkeit" erwähnt, die über sie kommen werde.[6)] Hatte diese jetzt begonnen? Zwar hatte sie ihre Hausgemeinschaften in München wie in Rom, die mit ihr durch dick und dünn gingen. Die Gefährtinnen hatten in ihrer Generaloberin ihre Richtschnur und schätzten die jeweilige Lage nach deren Urteil ab. Sie waren gewiss eine Wohltat für die Gründerin, aber keine konstruktive Hilfe, um Marias Blick für die Lage zu schärfen. Unter solchen Voraussetzungen kam der Brief vom 6. April zustande. Man darf annehmen, dieser Brief wurde in einer gewissen Verwirrtheit geschrieben.
Auch diese große Frau brauchte Zeit, um ihre Lage richtig zu sehen. Auch von der Geschichte des kirchlichen Rechts, an das der Papst gebunden war, fehlte ihr eine genügende Kenntnis.
Marias Schreiben traf kurz nach der Auflösung des Lütticher Hauses bei den Gefährtinnen ein. Der Generalvikar hatte im bischöflichen

Auftrag mit dem Kölner Nuntius Carafa am 30. April 1630 die Schließung der Niederlassung vorgenommen. Die Gefährtinnen unterwarfen sich im Gehorsam. Nun brachte der Brief der Generaloberin eine große Beunruhigung ins Haus und leidvolle Tage über das kleine Häuflein von Frauen. Sie suchten Hilfe bei ihrem Beichtvater, dem englischen Jesuiten George Ducket. Sie zeigten ihm den Brief, den er mitnahm. Offenbar ging er mit dem Schreiben zu seinem Mitbruder, dem Ratgeber und Beichtvater des Nuntius, P. Sylvestro Pietrasanta, auch dieser Mitglied der Gesellschaft Jesu. Das englische Schreiben wurde ins Lateinische übersetzt und dem Nuntius übergeben. Dieser sah sich verpflichtet, den Brief nach Rom zu senden. Dort wurde klar, hier gehe es um den Gehorsam gegen Kirche und Papst, und eine solche Materie gehöre zum Heiligen Offizium. Am 15. Juni 1630 kam Maria Wards Schreiben in lateinischer Übersetzung an die Inquisition. Die Aufforderung zum Ungehorsam gegen die kirchliche Autorität und die Auflehnung, die sich auch durch eine Exkommunikation nicht abschrecken lassen solle, löste Empörung über diese Generaloberin aus, die doch an der Kurie auch viel Hochachtung erfahren hatte. Aufgrund des Briefes geschah zunächst nichts; denn die Inquisition befasste sich nie mit Abschriften von Dokumenten; Beratungen erfolgten nur, wenn Originale vorlagen. Daher ordnete der Papst in der Sitzung vom 20. Juni 1630 an, der Nuntius solle die Urschrift beschaffen und senden.[7)] Am 22. Juni 1630 ging der Brief von Rom nach Lüttich.[8)] Am 19. Juli antwortete Carafa, das Beibringen des Originals sei ihm kaum möglich, da er das Schreiben „auf dem Weg von Freundschaft und Vertrauen" in die Hand bekommen habe.[9)] An der Inquisition gab es zunächst keinen Beschluss; doch der Papst sagte in der Sitzung, die angebliche Generaloberin verdiene eine schwere Strafe wegen ihrer Aufforderung zum Ungehorsam. Zur Verhängung der Strafe kam es erst nach dem Wirbel von Lüttich.

II.
Die Visitatorin in Trier und Lüttich
Das Verhör

Bald nach der Absendung des Briefes vom 6. April kehrte Maria Ward, begleitet von Winefrid Wigmore, von Rom über Venedig nach München zurück. Winefrid mit dem Beinamen „Campiana" wurde als Visitatorin in die nördlichen Häuser des Instituts gesandt. Vor der Abreise machte Winefrid eine Wallfahrt von München nach Kloster Andechs, an der wohl Maria Ward auch teilnahm.[1)] Am 30. Juni reiste die Visitatorin nach Trier, Köln und Lüttich. Ihr Patentschreiben enthielt die gleichen Aufträge, wie sie im Brief vom 6. April standen. Sie sollte die drei Niederlassungen besuchen und den Willen der Generaloberin mitteilen. Der Weg der Visitatorin lässt sich nach einem Schreiben des Kölner Nuntius Pierluigi Carafa verfolgen;[2)] auch sind zwei Briefe von Jesuitenpatres erhalten, die erkennen lassen, wie Winefrid ihrer Aufgabe gerecht zu werden suchte, aber auch wie sie die notwendige Klugheit dabei vermissen ließ und den Respekt vor dem Nuntius und anderen nicht mehr beachtete.[3)]

Was geschah? Am 20. August 1630 meldete Carafa nach Rom, die Visitatorin sei in Lüttich eingetroffen; in Trier habe sie unter Berufung auf die Vollmacht der Generaloberin, die Gefährtinnen zum Widerstand gegen die Aufhebung aufgerufen. Über das, was sie in Köln ausgerichtet habe, erwarte er noch Nachricht. In der zweiten Augusthälfte 1630 war es dann zur Aufhebung des Trierer Hauses gekommen; die acht Gefährtinnen erklärten dem Weihbischof Georg von Helfenstein, sie seien bereit, dem Papst in allem Gehorsam zu leisten, das Institut aber könnten sie erst nach eingeholter Erlaubnis der Generaloberin aufgeben. So steht es im Trierer Aufhebungsprotokoll.[4)]

Am 27. September meldete Nuntius Carafa drei Sätze von der Tätigkeit von der Campiana in Trier:

1. Das Institut lebe mehr denn je; die Verpflichtungen zur Einhaltung der Gelübde und zum Gehorsam gegen die Generaloberin seien nicht erloschen.
2. Der Papst sei nicht gut informiert; die Auflösung komme von Übelgesinnten.
3. Auch andere Ordensgemeinschaften hätten in ihren Anfängen Schwierigkeiten überwinden müssen; da sei Tapferkeit nötig.

Die Aussage der Visitatorin entspreche dem Brief vom 6. April.

Was aber geschah nun in Lüttich? Winefrid hielt sich in den ersten Wochen reserviert zurück, was allmählich die Gefährtinnen beunruhigte. Bei der offiziellen Aufhebung vom 30. April waren noch 11 Frauen im Haus. Alle hatten sich gefügt; es gab keinen Widerstand. Als aber Winefrid Wigmore am 5. September 1630 die Gefährtinnen zusammenrief, brach der Sturm los. Die Visitatorin setzte die Oberin Mary Copley ab und ernannte Elizabeth Hall als Nachfolgerin. Dann legte sie allen den Willen der Generaloberin dar, wie er im Brief steht. Sie verbot auch jeden Ausgang ohne ihre ausdrückliche Erlaubnis. Am 6. September morgens früh gingen Copley und Hall heimlich aus dem Haus. Sie waren nicht die ersten, die das Institut verließen. Zur Zeit der Aufhebung Ende April hatten die damalige Provinzialoberin Ann Buskels wie auch Anne Gage die Maria-Ward-Gemeinschaft verlassen. Das Fortgehen der Gefährtinnen erschütterte die Visitatorin nicht. Sie führte die frühere, verbotene Lebensordnung wieder ein, ließ die Glocke läuten und die Gelübde erneuern; gerade davor hatte der Beichtvater P. Ducket dringend gewarnt.
Über die Vorgänge unterrichten ausführlich zwei Jesuitenbriefe: P. Stafford, Rektor des Englischen Kollegs in Lüttich, schrieb an Pater General Vitelleschi und P. Ducket an den Rektor P. Freeman in Saint-Omer. P. Stafford berichtete etliche Sätze der Visitatorin:[5)]

1. Nach der Aufhebung seien die Mitglieder ebenso wie vorher an die Gelübde gebunden und wie früher im Gehorsam der Generaloberin unterworfen.
2. Der Papst könne die Gelübde nicht lösen ohne die Dispens der Generaloberin und ohne die Zustimmung der betreffenden Gefährtin.
3. In allen Belangen der Gelübde, auch der Tracht und des Gemeinschaftslebens seien die Mitglieder mehr der Generaloberin als dem Papst verpflichtet, dessen Anordnungen nur die Riten der Messe beträfen.
4. Selbst einer Exkommunikation müssten sie die Stirn bieten und sie könnten ruhigen Gewissens bleiben.

P. Ducket begab sich nach dem stürmischen Tag in das Haus der Jesuitinnen. Er sagte der Visitatorin, auf solche Weise dürfe sie nicht vorgehen. Daraufhin habe diese ihm erklärt, sie habe keine Unterredung mit ihm nötig, da sie auf sicherem Grund stehe und nicht vom Willen Maria Wards abgehen könne. Der Beichtvater erklärte seinen Rücktritt; die Visitatorin hatte nichts einzuwenden. Von da an fanden die Theologen im Englischen Kolleg der Jesuiten keinen Grund mehr, die Frauen zu entschuldigen.
Schließlich erschien der Nuntius bei den Gefährtinnen. Durch die Patres war er im Bild über die Vorgänge der letzten Tage. Auch ihm trat die Campiana selbstsicher gegenüber. Als Carafa den Adel Maria Wards in Zweifel zu ziehen wagte, hielt die Visitatorin ihm seine niedrige Herkunft vor und den Erkauf seines Adels mit Geld. Der Nuntius drohte die Exkommunikation an. P. Ducket schrieb am 8. September nach Saint-Omer, dies sei bereits zwei Mal geschehen; ein drittes Mal habe Carafa die Drohung durch den Rektor des Wallonischen Kollegs aussprechen lassen.
Nun glaubte der Nuntius, in Strenge vorgehen zu müssen. Nach dem Ausscheiden von Copley und Hall waren von den früheren

Mitgliedern nur noch drei im Haus, dazu die Visitatorin und ihre zwei Begleiterinnen, Mary Wivell und eine Deutsche. Den fünf Frauen wurde nun der Prozess angedroht; auch Copley und Hall, die noch in der Stadt wohnten, sollten verhört werden. Winefrid, eine Frau von absoluter Treue, wollte ihrer Mutter helfen und retten, was schon verloren war. Sie ging vor, ohne die Lage zu bedenken und ihr gewachsen zu sein. Hätte sie nicht nach ihrer Ankunft mit dem Generalvikar und mit dem Nuntius, der ja in Lüttich wohnte, sprechen müssen? Der Generalvikar wie der damals abwesende Bischof von Lüttich hatten den Engländerinnen schon manche Wohltat erwiesen. Aber die Visitatorin hielt sich nur an ihren Auftrag, für den sie die Vollmacht in Händen hielt, ohne der Situation Rechnung zu tragen. Die Torheit dieser Treue brachte über Maria Ward und die Gefährtinnen viel Unheil.

Das Interrogatorium, d.h. die Befragung der sieben Engländerinnen, fand vom 10. bis 20. September 1630 statt, in Gegenwart des Nuntius, des bischöflichen Notars Delbrouck, des P. Stafford, der den englischen Text in Latein zu übersetzen hatte. Von den sieben Frauen war nur die Visitatorin des Lateinischen mächtig. Carafa stellte im ganzen 172 Fragen. Sie bezogen sich auf die Personalien, den Stand der verhörten Frauen, auf die Gelübde, die Auflösung des Instituts, auf den Gehorsam gegen den Papst und die Generaloberin, auf die Tätigkeit der Visitatorin. Die Aussagen erfolgten nach Ablegung des Eides, die Wahrheit zu sagen. Die sieben Befragten, sind Copley und Hall, Catherine Smith, Brigid Hyde, Mary Wivell, Anne Morgan, Winefrid Wigmore. Anne Morgan hatte bereits die Visitatorin um die Entlassung gebeten aus Furcht vor einer Exkommunikation. Die übrigen vier, Smith, Heyd, Wivell, Wigmore wollten sich um keinen Preis von Maria Ward und ihrem Institut trennen. Die Übersetzung der Aussagen ins Lateinische war nötig für die sechs Frauen, die nur ihre englische Sprache beherrschten. Sicher achteten die Verantwortlichen auf eine getreue Wiedergabe der Fragen und Antworten, setzten doch der Nuntius und der bischöfliche Notar Unterschrift und Siegel unter die Aufzeichnungen. Keine Stelle des Verhörs lässt nachweisen oder vermuten, dass bei der Übersetzung auf Vereinheitlichung der Aussagen geachtet worden wäre. Es gab nur kleine Versehen, die aber den Inhalt nicht in Frage stellen, z. B. das Lebensalter der Visitatorin wurde für 30 Jahre, das der Catherine Smith für 35 Jahre angegeben; aus unseren Quellen ergibt sich, dass beide im Alter Maria Wards waren, also ca. 45 Jahre. Irrtümlich wird Mary Wivell mit dem Vornamen Anna genannt.

Bei den Unterschriften der Verhörten wird der Vermerk vermisst, dass die Aussagen ihnen nochmals vorgelesen worden seien. Darüber beklagte sich später die Visitatorin, dass trotz ihrer Bitte der vom Notar aufgezeichnete Text ihr nicht mehr zur Einsicht übergeben oder vorgelesen worden sei. Wahrscheinlich befürchtete der Nuntius bei dem ohnehin schwierigen Unternehmen die Umständlichkeiten mit den dann notwendigen Rückübersetzungen ins Englische. Der Campiana versagte Carafa die Verlesung ihrer lateinischen Aussagen, da er auch den anderen Gefährtinnen die Wiederholung nicht gewährt hatte. Für das Protokoll als Ganzes ist anzunehmen dass die Wiedergabe als korrekt bezeichnet werden kann.[6)]

Im Schreiben zur Übersendung des Verhörs nach Rom, am 27. September 1630 an Kardinal Ludovisi von der Propaganda,[7)] meldete Carafa, dass seiner Prozessführung Mängel anhafteten, dass nicht alles den Vorschriften für solche Fälle entspreche, da er seit langem keinen Prozess mehr zu führen hatte. Schließlich habe ihn, wie er schrieb, die Furcht vor Ansteckung zu einem eiligen Abschluss des Prozesses getrieben, da eine Engländerin mit einer ansteckend kranken Person in Berührung gekommen war. Die Pest ging um. Darum wurde auch die zweite Begleiterin der Winefrid, die Deutsche Juliana Weierin, nicht mehr verhört, und schon das Verhör der Mary Wivell fiel kurz aus. Als erste kamen am 10. September Copley und Hall ins Verhör; am 16. folgte die Vernehmung der Anne Morgan. Am 18.

wurde Catherine Smith und Brigid Heyd vernommen, die am Institut Maria Wards festhielten. Dann begann die Befragung der Winefrid Wigmore und der siebten Jesuitin Mary Wivell.
Wie verlief das Verhör? Carafa erwies sich trotz der Mängel, die er selbst erwähnte, in der Durchführung des aus eigener Verantwortung unternommenen Prozesses als zielbewusster päpstlicher Vertreter, der eine strenge Auffassung von der Autorität des Papstes hegte und überzeugt war von der Gesetzwidrigkeit eines Frauenordens ohne Klausur, der als solcher keine päpstliche Bestätigung erlangen könne. Doch behandelte er die Engländerinnen nicht mit unduldsamer Härte. Er suchte die Verhörten zu gewinnen, merkte aber oft nicht, dass seine Denk- und Frageform von den Frauen sehr oder zu viel verlangte. Wenn er wahrnahm, die Verhörte gehe nicht auf seine Gedanken ein, wechselte er das Thema und stellte eine neue Frage. Wie den Aufzeichnungen zu entnehmen ist, lag ihm in erster Linie nicht daran, die Frauen des Ungehorsams gegen Kirche und Papst zu überführen; er beabsichtigte ursprünglich, sie durch die Feierlichkeit eines Verhörs zur Einsicht zu bringen, dass sie dem päpstlichen Dekret Gehorsam schuldeten und nach der Aufhebung von Verpflichtungen dem Institut und seiner Generaloberin gegenüber sich frei wissen sollten. Carafa, der dem Brief vom 6. April auf die Spur gekommen war und Maria Ward die Schuld an der Verwirrung der Frauen beimessen musste, kam im Verhör nur selten auf die Generaloberin zu sprechen. Es wird dies aus Rücksicht auf die Frauen geschehen sein, musste er doch feststellen, dass sie keine klare Kenntnis über die Lage ihres Institutes hatten; die einen Einblick hatten, waren ausgetreten.
Die beiden Erstverhörten und namentlich die Visitatorin selbst boten einiges Material für die Schuld, die Maria Ward treffen konnte. Die Aussagen der übrigen Frauen lieferten nur eine Art Hintergrund für diese Hauptfrage, die die Generaloberin betraf. Die Depositionen der Copley und Hall sind ziemlich kurz und straff gehalten. Der plötzliche Abschied von den Gefährtinnen und dem Institut, auf das

sie wohl noch über den 30. April hinaus, Tag der Aufhebung des Lütticher Hauses, einige Hoffnung gesetzt hatten, die Erregung, die der Zusammenstoß mit der Visitatorin in ihnen ausgelöst hatte, wirkten sicher auf ihre Aussagen ein; so trat manche Schärfe hervor, die bei ausgewogener Verfassung kaum auf gleiche Weise zum Vorschein gekommen wäre. Aber keine der beiden Frauen griff die Generaloberin in herausfordender Form an. Ihre Depositionen zeigen aber auch, dass beide Frauen die trostlose innere und äußere Lage des Instituts durchschauten.[8)]

Schwer lassen sich Verhalten und Eigenart der Winefrid Wigmore kennzeichnen. Ihre Aussagen enthalten Gegensätze und Widersprüche. Dem Leser des Verhörs fällt sofort die große Liebe und Verehrung für Maria Ward auf. Die Generaloberin war für die Campiana die einzige Autorität. Sie hielt sich an das vorbildliche Leben und die inneren Erfahrungen ihrer Mutter. In allen Anordnungen ihrer Vorgesetzten sah die Visitatorin die von Gott gewollte Ordnung für das Institut und für ihr eigenes Leben. Doch erkannte sie auch die Autorität des Papstes an und hielt an dieser Einstellung fest, die sie später als Tatsache erkennen musste in der Aufhebung des Instituts, wenn damit auch eine große Prüfung über sie gekommen war. Ängstlich suchte sie, stark abhängig von dem Gedanken der Gründerin, nach einem Ausweg, der kaum zu finden war, bis ihr nach und nach klar werden musste: es war der Papst, der die Aufhebung des Werkes beschlossen hatte. Als letzten Ausweg klammerte sich Winefrid an den Gedanken, dem Papst fehle die notwendige Kenntnis von der Geschichte der Berufung der Gründerin, weswegen sie die Aufhebung nicht als verpflichtend ansehen könne. Damit wollte sie die Autorität des Papstes nicht leugnen; sie werde, so Winefrid, sich dann zur Unterwerfung bereit erklären, so bald sie sicher sein könne, der Papst habe die nötigen Informationen erhalten. In ihrem optimistischen Glauben meinte sie allerdings, dann werde es zu keiner Verwerfung des Instituts mehr kommen. Ihre Liebe zur Gründerin, die zwanzig-

jährige Zugehörigkeit zum Institut, die Erfolge in der Wirksamkeit, die Einsicht in die Notwendigkeit der unternommenen Arbeit, die vielen Erfahrungen, Verkennungen, Verdemütigungen, die sie mit Maria Ward und den anderen Gefährtinnen durchstanden hatte, bestärkten sie in ihrem Standpunkt. Subjektiv mag ihr Suchen nach einem Ausweg verständlich sein; dennoch ist zu sagen, auch bei ihrer beschränkten Einsicht hätte sie die Anordnungen zur Aufhebung nicht absolut ablehnen dürfen. Auch ihr fehlte ein genügender Einblick in die Vorschriften des Vorgehens der Kirche und des kirchlichen Rechtes. Daher ist ihr Widerstand nicht ohne weiteres als gewollter Ungehorsam oder als Häresie zu bezeichnen, wenn sie in ihren Äußerungen auch wie in ihrem Vorgehen das Aufbegehren gegen die Entscheidung des Papstes zum Ausdruck brachte. Sie suchte ja ihre Gefährtinnen vom Gehorsam abzuziehen. Eine Verschärfung zeigte sich auch in den Maßnahmen, die den Widerstand der Engländerin zur Kenntnis brachte, z. B. als sie das verbotene Läuten der Glocke wieder einführte.
In den Aussagen der Visitatorin treten zwar auch Treue gegen Gott und andere wertvolle Haltungen hervor; es zeigt sich aber auch die starke Selbstbehauptung und Unnachgiebigkeit wie die Überzeugung der englischen Adeligen von ihren unantastbaren Rechten. Diese Voraussetzungen, die auch mit dem Charakter der Campiana und ihrem Mangel an Ausgeglichenheit zusammenhängen, sind in das Urteil einzubeziehen, wenn ihre Äußerungen im Verhör die Generaloberin berühren und auch belasten können; trat sie doch ohne einfachste Klugheitserwägungen, einer Eruption gleich, mit ihrer eigenen Meinung hervor. Sie besaß die Ehrlichkeit eines braven Menschen, der sein gut geglaubtes Recht verteidigt.

Um einen Einblick zu geben, wie im Verhör vorgegangen wurde, sollen die aus dem Lateinischen übersetzten Fragen und Antworten der Bridget Heyd dienen.

„Am 18. September 1630 erschien zum Verhör Damicella Brigitta Heyd, 35 Jahre alt, aus der Grafschaft Berkshire im englischen Königreich; sie versprach bei Berührung der heiligen Schrift, die Wahrheit zu sagen.

1. Nach ihrer Wohnung befragt, antwortet sie, sie wohne seit ungefähr drei Jahren bei den englischen Jungfrauen in Lüttich, nahe bei St. Martin.

2. Gefragt, welchem Stand sie angehöre, antwortet sie, dem weltlichen, aber im Verlangen nach dem Ordensstand.

3. Gefragt, ob die übrigen Englischen Jungfrauen auch dem weltlichen Stand angehören, antwortet sie, sie könne für ihre Mitschwestern nicht aussagen.

4. Gefragt, ob sie sich nicht nur gegenwärtig, sondern auch in der Vergangenheit zum weltlichen Stand gerechnet habe, antwortet sie, dass sie sich in der Vergangenheit nicht zum weltlichen, sondern zum Ordensstand gerechnet habe, dass sie das Kleid der Englischen Jungfrauen erhalten habe und England mit der Intention verlassen habe, sich dem geistlichen Stand zu weihen.

5. Gefragt, ob in dem Institut der Englischen Jungfrauen, Jesuitinnen genannt, irgendwelche Gelübde abgelegt werden und welche, und zu welcher Regel sie sich bekennen, antwortet sie, dass die drei wesentlichen Gelübde der Keuschheit, der Armut und des Gehorsams abgelegt werden mit dem Versprechen, in dieser Gemeinschaft zu leben und zu sterben; sie sagt, es gehöre zur Regel, das zu tun, was von den Obern vorgeschrieben werde; welcher Regel sie folge, gehöre zur Angelegenheit der Obern.

6. Gefragt, welche Vorschriften sie von ihren Oberinnen erhalten habe, da sie im Institut der Englischen Jesuitinnen gelebt habe, antwortet sie, das werde vorgeschrieben, was am meisten auf die Vollkommenheit der einzelnen und das Heil des Nächsten hinziele.

7. Gefragt, was das sei, was im besagten Institut zum Heil des Nächsten aufgetragen werde, antwortet sie, das Wichtigste sei der

Unterricht der Mädchen in allem, was zu ihrer guten Erziehung im Lesen, Schreiben, Handarbeiten diene, in der Christenlehre und in der Frömmigkeit und Religion, alles, was zu ihrem Geschlecht und auch zur Hilfe des männlichen wie weiblichen Geschlechtes gehöre, in dem was Dienst der Liebe sei und von ihnen geleistet werden könne.

8. Gefragt, ob sie für den Unterricht der Mädchen irgendeinen Lohn verlangte oder annähme, antwortet sie, die Englischen Jungfrauen würden für den Unterricht nichts verlangen, wiesen aber Angebote nicht zurück.

9. Gefragt, ob sie selbst die drei Gelübde abgelegt habe, nachdem sie gesagt habe, diese würden im Institut der Jesuitinnen gewöhnlich abgelegt, antwortet sie, sie habe die drei Gelübde der Keuschheit, der Armut und des Gehorsams abgelegt.

10. Gefragt, unter welcher Feierlichkeit die Englischen Jungfrauen die drei Ordensgelübde ablegten, antwortet sie, sie würden gewöhnlich vor dem Allerheiligsten Sakrament und mit lauter Stimme abgelegt, obwohl manchmal die Ablegung auch mit leiser Stimme erfolge.

11. Gefragt, ob sie außer den genannten drei Gelübden sich dem Institut gegenüber durch ein anderes Band verpflichtet habe, antwortet sie, außer den drei Gelübden habe sie einen Vertrag gemacht, in dem sie sich verpflichtete, in der genannten Kongregation zu verbleiben.

12. Gefragt, ob sie den genannten Vertrag vor der ganzen Familie oder nur vor der Oberin und einigen Jungfrauen abgeschlossen habe, antwortet sie, den Vertrag, auf den sie eingegangen sei, habe sie als Formel, die ihn beschrieb, zu ihrer Prüfung vor sich gehabt, mit ihrem Namen unterschrieben in der Absicht, sich darauf zu verpflichten.

13. Gefragt, warum sie sich dem weltlichen Stand zurechne, wie sie sagte, da sie die drei wesentlichen Ordensgelübde und das Versprechen, in dem Orden zu verbleiben, abgelegt habe, antwortet sie, sie glaube im weltlichen Stand zu sein, weil die Bestätigung des Instituts noch fehle.

14. Gefragt, ob ihr bekannt sei, dass dieses Institut nicht nur nicht vom Papst bestätigt sei, sondern von Seiner Heiligkeit aufgehoben und abgeschafft sei, antwortet sie, dies sei ihr bekannt, da es durch den Vikar des Bischofs zu Lüttich in Gegenwart des Nuntius mitgeteilt worden sei.

15. Gefragt, ob sie wisse, dass durch die Mitteilung der Aufhebung durch den Generalvikar auch die drei wesentlichen Gelübde mit dem Vertrag des Verbleibens im Orden aufgehoben seien, antwortet sie, sie habe nicht verstanden, dass Gelübde und Vertrag aufgehoben seien, da die Gelübde vom Herrn Vikar nicht erwähnt worden seien.

16. Gefragt, wie sie vernünftigerweise meinen könne, die Ordensgelübde mit dem Versprechen, im Institut zu verbleiben, seien nach der durch den Herrn Vikar vorgenommenen Aufhebung nicht aufgehoben, da doch die Substanz des Institutes genau in den drei Gelübden und im Vertrag, im Institut zu verbleiben, bestehe, antwortet sie, dass sie ihrem Gewissen nach dem, was sie bisher gehört, nur gerecht werde, wenn sie in der Beobachtung der Gelübde verbleibe.

17. Der Nuntius fasst zusammen und ermahnt die Verhörte, sie täusche sich, wenn sie in der Überzeugung verbleibe, dass sie noch zur Beobachtung der Gelübde und an den Vertrag gebunden sei, da sie die drei Gelübde nicht einfach und absolut, sondern auf das Institut hin abgelegt habe und sich damit zum Ordensstand bekenne; da der Papst das besagte Institut gänzlich aufgehoben habe, sind folglich jene drei Gelübde und der Vorsatz, in dem Institut zu verbleiben, auch aufgehoben, wenn sie vernünftig fühle und nicht im Irrtum ihres Gewissens leben wolle; anders gesagt: das Institut ist aufgehoben durch Seine Heiligkeit, und nun hängt es am Willen der Verhörten, durch das Verbleiben in den Gelübden gegen den Willen des Papstes zu stehen, was eine geistliche Rebellion gegen den Papst bedeute.

Sie antwortet, sie glaube nicht, dass weder der Papst noch der Apostolische Nuntius sie zwingen wolle, etwas gegen ihr Gewissen zu tun, nämlich die Gelübde aufzugeben, zu denen sie sich jetzt im Gewissen verpflichtet wisse und nicht den Willen habe, von ihnen abzuweichen.

18. Auf die Frage, ob sie wisse, worin die Substanz ihres Institutes bestehe, antwortet die Verhörte, sie glaube, die Substanz dieses Institutes bestehe in den drei genannten Gelübden und im Vertrag.

19. Gefragt, ob sie glaube, dass durch die Aufhebung, die der Papst angeordnet habe, auch die Substanz des Institutes abgeschafft und aufgehoben sei, antwortet sie, sie kenne nicht die Intention des Papstes.

Zusammenfassend antwortet der Nuntius, wie sie behaupten könne, sie kenne nicht die Absicht des Papstes, da ihr doch durch den Herrn Vikar ausdrücklich mitgeteilt worden sei, das ganze Institut sei mit seiner Substanz aufgehoben, wie es die Worte des Aufhebungsdekretes klar ausdrücken und der Herr Nuntius dem Gedächtnis eingeschärft habe; damit sie keinen weiteren Vorwand zu einem Zweifel habe, trägt der gleiche Nuntius dem ehrwürdigen Pater Rektor der englischen Jesuiten auf, das Schreiben der Eminenz Kardinal St. Onofrio vorzulesen; darin heißt es offen, dass der Papst nach Beratung und reifer Überlegung das besagte Institut abgeschafft habe, was geschehen sei. Sie antwortet, bisher meine sie, sie beleidige Gott den Herrn schwer, wenn sie etwas gegen die Gelübde zulasse.

20. Auf die Frage, ob sie glaube, dass ein Institut in der Kirche Gottes ohne die Erlaubnis Seiner Heiligkeit eingeführt werden könne, antwortet sie, sie glaube nicht, dass dies sein könne.

21. Gefragt, ob sie meine, dass Gelübde, die in einem nicht approbierten Institut abgelegt wurden, im Gewissen verpflichten, antwortet sie, sie glaube, dass diese verpflichten, wenn sie Gott dem Herrn gemacht sind mit der Absicht, sie zu halten.

22. Gefragt, ob sie glaube, dass diese Gelübde verpflichten, nachdem der Papst das Institut aufgehoben habe, antwortet sie, sie könne für andere nicht antworten, glaube aber, dass sie bis jetzt an diese Gelübde gebunden sei.

23. Verwiesen auf das von ihr Ausgesagte, dass ein neuer Orden nicht ohne die Approbation des Papstes eingeführt werden könne und dass

das Wesen des Ordensstandes in den drei Gelübden bestehe, sei sie gefragt, wie sie dann sagen könne, nach der Aufhebung des besagten Instituts seien die Ordensgelübde nicht aufgehoben, antwortet sie, dass sie die Gelübde damals gemacht habe, als die Kongregation approbiert gewesen sei.
24. Gefragt, ob sie irgendein Approbationsdekret gesehen habe, antwortet sie, das liege bei der Oberin.
25. Gefragt, ob nach der Aufhebung und der Erklärung des Vikars in das Haus der Englischen Jungfrauen neue Jungfrauen nach Lüttich gekommen seien, antwortet sie, einige seien gekommen: Fräulein Winefrid Campiana, die angebliche Visitatorin, und Maria Wivell, Direktorin, mit einer anderen Schwester deutscher Nation.
26. (Hier fehlt ein Eintrag.)
27. Gefragt, ob die genannte angebliche Visitatorin seit ihrem Aufenthalt in Lüttich bei den Englischen Jungfrauen dafür eingetreten sei, dass sie in ihrem ersten Institut verbleiben sollten trotz der Erklärung der Aufhebung im Namen unseres Papstes, und mit welchen Gründen sie die besagten Jungfrauen bedrängt habe, an diesem Institut festzuhalten oder es aufs neue anzunehmen. Sie antwortet, die genannte angebliche Visitatorin habe weder offen noch privat etwas getan, dass man in dem besagten Institut verbleibe, soweit sie wisse.
28. Gefragt, ob die angebliche genannte Visitatorin Patentschreiben für ihre Visitation habe und diese vorzeige, ob die Verhörte sie gelesen habe, was darin stehe, ob sie von der Generaloberin unterzeichnet seien, an welchem Ort, in welchem Jahr und Monat, an welchem Tag und in welcher Sprache sie geschrieben seien, antwortet sie, die Visitatorin habe Patentbriefe, die sie durch Vorlesen gehört habe, sie seien in Latein geschrieben und enthielten die entsprechenden Aufgaben für das Amt der Visitatorin, unterzeichnet von der Generalin und mit ihrem Siegel versehen; sie wisse weder Datum noch Ort, wo der Brief geschrieben sei.
29. Ob nach der Ankunft der besagten angeblichen Visitatorin im

Haus der Englischen Jungfrauen die geistlichen Übungen in gleicher Weise und Form wie vor der Aufhebung des Instituts gemacht worden seien und ob zur Zeit der Gewissenserforschung, der Meditation, der Mahlzeiten und ähnlicher Dinge eine Glocke geläutet werde wie vor der Aufhebung. Sie antwortet, alle Übungen im Haus seien fortgesetzt worden seit der Aufhebung bis zum heutigen Tag, nicht jedoch das Glockenläuten, das erst seit einigen Tagen wieder eingesetzt sei.

30. Wie die Verhörte selbst in der bisherigen Befragung gesagt habe, sie bekenne sich zum weltlichen Stand, dann jedoch aussage, sie sei an die drei Ordensgelübde gebunden, habe Wohnung und gemeinsamen Tisch, trage Habit und den Ordensschleier und sage, es werde für die einzelnen Tagesfunktionen das Glockenzeichen gegeben, es bestehe die Unterordnung unter die Oberen, unter die Rectrix und Visitatorin, der Visitatorin der Generalin gegenüber, es würden die Häuser in den verschiedenen Provinzen von einer mit dem Titel Visitatorin besucht, es gebe die Patentbriefe und das Siegel der Generalin; es würden also die Namen der Ämter beibehalten, der Rectrix, der Visitatorin, der Generalin; die Oberin gebe den Untergebenen mit Autorität und geistlicher Jurisdiktion ihre Befehle, sie legten die Gelübde ab, erneuerten sie, führten ein gemeinsames Siegel: das alles zeigt deutlich ein Vorgehen gegen das Dekret der Aufhebung und gegen den Willen des Papstes. Sie antwortet, sie sei keine Ordensfrau, könne jedoch nicht gehindert werden, dass sie als Ordensfrau lebe.

31. Der Nuntius fasst zusammen und rollt auf, dass die Verhörte obwohl sie nicht gehindert werden könne, als Ordensfrau zu leben, jedoch gehindert werde als solche in einer Familie zu leben, die meint, ein Orden zu sein, der in Wirklichkeit aber aufgehoben und als null und nichtig erklärt wurde. Sie antwortet, sie habe keine andere Lebensweise, der sie sich guten Gewissens widmen könne, und glaube, sie handle nicht gegen den Willen Seiner Heiligkeit.

Darauf wurde das Examen beendet; sie unterschrieb ihren Namen; so habe ich ausgesagt, ich Bridget Heyd." [9)]

Überschauen wir Fragen und Antworten, so darf man wohl sagen: Bridget Heyd wollte die Wahrheit sagen, geriet aber in die Enge; es zeigte sich auch bei ihr wie auch bei anderen, die verhört wurden, dass ihr eine klare Einsicht in die Lage des Institutes fehlte. Auch sie wusste, dass die Wahl der Lebensform nach der Gesellschaft Jesu gleichsam Geheimnis der Gründung war, von der sie nicht sprechen konnten und durften. Die Fragen des Nuntius enthielten mehrmals eine Überforderung für die Verhörte, es fehlte ihr nicht nur die bessere Kenntnis ihres Instituts, sondern auch die Einsicht in die Abhängigkeit von Kirche und Papst für ein solches Werk und für die persönliche Entscheidung. So suchte sie in ihrer Not nach einem Weg, um das zu retten, was ihr für ihr Leben nötig schien. Auch diese Frau in der Fremde, die arm war, hielt begreiflicherweise an dem fest, was für ihr Leben unaufgebbar schien. Der Nuntius suchte zwar der Verhörten gerecht zu werden, vermochte aber doch die Notlage nicht zu erfassen.
Nach dem kurzen Überblick über das lange Verhör folgt die Frage, welche Belastungen und Anklagen für Maria Ward aus den Aussagen der sieben Jesuitinnen aufsteigen könnten. Die Visitatorin lieferte die meisten Anlässe, besonders aus den Reden, mit denen sie ihre Gefährtinnen über ihren Auftrag zu überzeugen suchte. Zugleich ist aber zu sagen: für alle war die Generaloberin die Vorgesetzte, die die Verantwortung für das Institut trug. Auch die Aussagen von Copley und Hall lassen diese Einstellung erkennen. Anne Morgan glaubte ebenfalls an die Fortdauer ihrer Verpflichtung gegenüber der Generaloberin; darum hatte sie um die Erlaubnis zum Ausscheiden aus der Gemeinschaft gebeten. Für die übrigen vier Gefährtinnen war die unbedingte persönliche Treue zu Maria Ward und ihrem Institut so selbstverständlich, dass die Fragen und Argumente des Nuntius nichts ausrichteten.
Welche Belastungen können aus dem Verhör gegen Maria Ward vorgebracht werden?

1. Die Behauptung der Fortdauer des Instituts. Trotz der Aufhebung des Lütticher Hauses am 30. April 1630 betrachteten die Gefährtinnen diese Niederlassung wie das ganze Institut rechtlich nicht als aufgelöst. Copley und Hall sagen unter Berufung auf Worte der Visitatorin, das Institut bestehe weiter; Papst und Kardinäle hätten ein anderes Institut verbieten wollen; das aufgehobene enthalte etwas anderes als das der Generaloberin. Die Visitatorin setzte die Treue gegen Gott gleich mit dem Treusein zu ihrer Berufung zu diesem Institut.

2. Fortdauer der Gelübde. Die Gefährtinnen behaupten, die Gelübde verpflichteten auch nach der Aufhebung. Für die Fortdauer derselben und des Treueversprechens brachte Copley unter Berufung auf die Visitatorin folgende Elemente vor: die Gelübde verpflichten nach der Aufhebung wie vor derselben; der Papst kann sie nicht gegen den Willen derer lösen, die sie gelobt haben. So lange sie die Gelübde hätten, seien sie mehr dem Gehorsam gegenüber der Generaloberin als gegenüber dem Papst verpflichtet. Die Worte der Winefrid, auf die sich Copley bezog, fielen offenbar an dem stürmischen Abend des 5. September. Der Fortbestand der Gelübde war offenbar die Auffassung der Generaloberin. Und die Mahnung zur Treue im Institut gehörte zur Sendung der Visitatorin.

Merkwürdigerweise war die Lösung der Gelübde im Lütticher Aufhebungsdekret nicht berührt worden. Und so einfach, wie Nuntius Carafa im Verhör die Frage behandelte, war sie nicht. Er unterschied ja auch zwischen absoluten und auf das Institut hin abgelegten Gelübden. Dass Maria Ward der Visitatorin den Bescheid mitgegeben habe, der Papst könne die Gelübde nicht gegen den Willen der Gelobenden lösen, dürfte unglaubhaft sein. Doch ist kaum in Abrede zu stellen, dass sich Maria dahin geäußert habe, der Papst könne das Institut und die Gelübde nicht einfach aufheben; denn sie lebte damals noch in dem sicheren Glauben, ein solcher Fall werde nie eintreten. Sie erwartete immer noch die Antwort auf ihre Bitte. Jedenfalls steht fest, dass sie dem Papst nie die Zuständigkeit über ihr Institut und damit über die Verpflichtungen der Mitglieder abgesprochen habe; dies zeigt deutlich ihr Brief vom 28. November 1630 an Urban VIII..

3. Der Vorrang des Gehorsams gegen die Generaloberin vor dem gegen den Papst. Copley berief sich auf den Satz der Visitatorin, der Generaloberin sei mehr zu gehorchen als dem Papst. Winefrid bestritt später im Verhör, diesen Satz gesagt zu haben. Als der Nuntius dann die Campiana vor die Frage stellte, wem sie mehr gehorche, dem Papst oder der Generaloberin, antwortete sie sofort: dem Papst. Man kann allerdings auch nach der Zuverlässigkeit der Antwort fragen, da sie sich in peinlicher Not befand, hatte sie doch in ihrem Vorgehen in Lüttich das Gegenteil betrieben: den Willen der Generaloberin gegen das Dekret durchzusetzen. Die Lösung des Konfliktes liegt offenbar darin: weder die Visitatorin noch die Generaloberin sahen im Aufhebungsdekret die Entscheidung des Papstes. Ebenso ist anzunehmen, dass sich die Visitatorin in der Verwirrung vom 5. September in ihren Worten vergriff und Sätze formulierte, wie Copley sie anführte.

4. Der Widerstand bei der Exkommunikation. Auch im Fall einer Exkommunikation könnten die Mitglieder in Ruhe verbleiben, da sich Beichtväter zur Erteilung der Absolution finden lassen würden. Copley habe auf die Frage an die Visitatorin über die Fortdauer des Widerstandes die Antwort erhalten, so sei es die Auffassung der Generaloberin. Doch darf man aus dem Zusammenhang annehmen, dass Maria Ward die Strafe der Exkommunikation nicht besonders schwer nahm. Winefrid erklärte, sie lehne nicht aus Hartnäckigkeit die Unterwerfung ab, sondern sehe darin den Willen Gottes und sei bereit, die Strafe der Prälaten anzunehmen; doch vom Institut Maria Wards könne sie nicht ablassen. Aus dem Zusammenhang ergibt sich, dass Winefrid den Willen zum Widerstand im Auftrag der Generaloberin aussprach, wie er auch im Brief steht.

5. Absendung der mit Vollmacht ausgestatteten Visitatorin. Diese Anordnung bedeutet eine starke Belastung für die Generaloberin. Die Campiana erklärte als Bevollmächtigte der Generaloberin die

Aufhebung für ungültig und fügte bei, der Gehorsam gegen die Generaloberin bleibe in Kraft. Dabei berief sie sich ausdrücklich auf Maria Ward, deren Untergebene sie sei und ohne deren Auftrag sie nichts tue. So setzte sie die Mary Copley als Oberin ab und ernannte eine Nachfolgerin. Auf Weisung der Generaloberin rügte die Campiana die Mary Copley, weil diese bei der kirchlichen Aufhebung des Lütticher Hauses keinen Widerstand geleistet habe, entschuldigte aber die Gefährtinnen mit dem Hinweis auf die damalige Provinzialoberin Anne Gage oder Anne Buskels, die das Institut kurz vor der Aufhebung verlassen hatten. Die Generaloberin wusste bei Absendung der Visitatorin bereits um die in Lüttich vollzogene Aufhebung. Gerade dieser Umstand verleiht den Bemühungen der Frauen um Aufrechterhaltung des Instituts eine Note des Widerstandes.

6. Befehle zur Fortführung des früheren Gemeinschaftslebens. Elizabeth Hall sagte aus, am Abend des 5. September habe Winefrid ihr als der neuen Oberin aufgetragen, im Gehorsam gegen die Generaloberin zu verharren und das Leben der Kommunität weiterzuführen wie vor der Aufhebung. So sei es auch geschehen. Wivell erklärte, sie trügen weiter ihren Habit und läuteten die Glocke auf Befehl der Generaloberin. Die Visitatorin sprach gegen die bei der Aufhebung erlassenen Verbote mit der Begründung, der Papst wolle keine zwingen, wenn die Generaloberin das nicht wolle. Eher müssten sie die Strafe dulden, die ihnen die Prälaten auferlegten. Die Campiana unterschied hier zwischen dem Befehl des Papstes und dem der Prälaten. Was diese forderten, könnten sie ohne Zustimmung der Generaloberin nicht tun. Der Papst dagegen wolle niemand zur Aufgabe des frei gewählten Lebensstandes zwingen.

Was mag in Maria vorgegangen sein, als sie die Lütticher Nachrichten erhielt? Die Mitteilungen müssen sie tief getroffen haben. Sie muss sich auch gefragt haben, wie Winefrid auf solche Weise vorgegangen sein könne, ob ihr denn jede Klugheit gefehlt habe. Erst für Prag, in der Not an Mitgliedern, hatte sie gedacht, Winefrid zur Vorsteherin dorthin zu senden. Campiana war eine der frühesten Gefährtinnen, der sie großes Vertrauen geschenkt hatte. Ihrer Treue was sie sicher. Doch dass sie in so schwieriger Lage von aller Klugheit verlassen war, das hatte sie nicht erwartet.

Jedenfalls wurde Marias Leben immer schwerer. Wie mag sie nun über ihre Befehle gedacht haben, die sie im Brief und in der Absendung der Visitatorin gegeben hatte? Nur dies eine blieb ihr immer sicher: sie konnte sich keinen Vorwurf machen, ihre Treue zu Papst und Kirche verletzt zu haben. Sie hatte gehandelt, wie sie die Geschichte mit dem Aufhebungsdekret verstanden und falsch ausgelegt hatte. In München erkrankte sie; das Fieber, so die Verfasserin Mary Poyntz in der Englischen Vita, habe sie nicht wegen der Furcht vor dem Kommenden, einer Strafe, angefallen. Maria beruhigte ihre Gefährtinnen in München und zeigte die Vorgänge sicher in einem Licht, das den angsterfüllten Frauen helfen sollte, wenn schlimmere Ereignisse eintreten würden.

III.
Bearbeitung der Lütticher Ereignisse Urteil der Inquisition

Der Kölner Nuntius Carafa äußerte sich am 27. September 1630 über das Verhör in zwei Schreiben an Kardinal Ludovisi, den Chef der Propagandakongregation, und den Sekretär Francesco Ingoli. Carafa nahm nicht Stellung zu den Aussagen der Engländerinnen. Mit der Schuldfrage Maria Wards befasste er sich nur allgemein, wenn er auch in der Generaloberin die Hauptverantwortliche für den Widerstand gegen das päpstliche Dekret sah. Sein Urteil tritt hervor, wenn er von „pensieri scandalosi e poco cristiani" spricht. Die Worte können bedeuten, dass er der Auffassung war, es handle sich bei dem Institut um eine Sekte. Den „Lolch" – so steht das Wort auch in der Bulle – müsse man ausreißen. Dann schlug er die Einkerkerung der Generaloberin und die Veröffentlichung der Bulle vor.[1)]

Aus seinen Bemerkungen treten zwei Punkte hervor. Carafa war der Auffassung, die Aufhebung des Instituts sei nicht genügend bekannt gemacht worden. Damit hatte er recht. Um die Fürsten von ihrer Unterstützung abzubringen, verwies er auf die Notwendigkeit der Veröffentlichung einer Bulle. Der Sekretär Ingoli war seit Jahren Gegner der Jesuitinnen wie der Jesuiten. Seit 1624 sammelte er Anklagen, Verleumdungen, die die englischen Weltpriester durch ihren römischen Agenten ihm überbrachten. Als das große Verhör – in Abschrift 49 Seiten – nach Rom kam, studierte er die Aussagen. In seinem „Parere", dem Gutachten für die Propagandakongregation, lieferten ihm die Antworten der Jesuitinnen den überzeugenden Beweis für die Gefährlichkeit eines solchen Instituts. Er suchte zu beweisen, dass ein solches Werk vor das Urteil des Glaubensgerichtes gehöre. Mit seinen Vorschlägen ging er über das hinaus, was Carafa beantragt hatte, er schlug auch die Einkerkerung der Visitatorin vor. Dem Sekretär kann man entgegenhalten, dass er im „Parere" nur unkontrollierte Verfehlungen und Verleumdungen vorbrachte. Er berührte keine Aussagen aus dem Verhör, die die Unsicherheit und Hilflosigkeit der Frauen verrieten oder auch die Ausrichtung auf den Gehorsam gegen den Papst erkennen ließen. Die knappe Form seiner Schrift verstärkt deutlicher den Schuldcharakter, als dieser im Verhör oder in den Briefen des Nuntius Carafa hervortrat.

Ingoli's „Parere" beginnt mit dem Vorschlag von Strafmaßnahmen. In fünf Punkten sei die Schuld der Frauen darzulegen:[2)]

1. Wegen Übertretung eines Befehls, der vom Papst und der Propaganda ausgegangen sei;
2. wegen der Aussagen, die als „irrig, verwegen, schlecht zum Glauben passend" zu bezeichnen seien;
3. wegen des Übertretens kirchlicher Gesetze (Verbot der Gründung neuer Orden, Vorschrift der Klausur für alle weiblichen Ordensgemeinschaften);
4. wegen der Anmaßung geistlicher Jurisdiktion;
5. wegen der Anlockung von Jungfrauen für ihr Institut aufgrund einer angeblichen Bestätigung und wegen Beeinflussung der Mitglieder mit falschen Beweggründen.

Schließlich forderte Ingoli sogar ein neues Verhör über die fünf Punkte, wozu dem Kölner Nuntius eine Instruktion zu senden sei. Auch auf die bisherigen Mitglieder in Trier und Köln sollten die Verhöre ausgedehnt werden. Die Prozesse seien nach Rom zu senden und die Schuldigen zu zitieren, damit ein gerichtliches Urteil erfolge. Auch drängte Ingoli zur Eile wegen der Aufhebungsbulle und führte in seinem Eifer für deren Veröffentlichung schon seine Vorschläge an. Er war ja schon 1628 vom Papst mit der Vorbereitung einer Bulle beauftragt worden. Doch schlug die Kurie für die nächsten Vorgänge nicht Ingolis Weg ein, wenn auch die Gefangenschaft für beide Frauen angeordnet wurde.

In der Sitzung der Propaganda vom 21. November 1630 kamen das Lütticher Verhör wie das Parere des Sekretärs zur Besprechung. Über den Gang der Verhandlungen wurde nichts aufgezeichnet. Der Beschluss aber fiel am 22. November im Heiligen Offizium mit dem Befehl Urbans VIII., die an der Propaganda vorliegenden Schriften dem Heiligen Offizium zu übergeben, da nun das Glaubensgericht alle weiteren Verhandlungen zu führen habe. Damit stand Maria Ward nun unter dem Schatten der Inquisition.[3)]

Die Inquisition arbeitete rasch und genau. Fünf Tage nach der Sitzung vom 22. November fand die Beratung über das Lütticher Protokoll statt. Der Kommissar des Glaubenstribunals hatte den Aussagen der Engländerinnen 16 Sätze entnommen. Nach Verlesung derselben kam es zu dem Beschluss, die Sätze zur Beurteilung den Qualifikatoren zu übergeben, die den Grad der Bedenklichkeit in Glaubenssachen feststellen sollten. Die Prüfer, gebildete Theologen und Juristen, die Erfahrungen in Glaubenssachen hatten und sich der Verantwortung ihres Amtes bewusst waren, hießen Qualifikatoren und gehörten zur Verwaltung der Inquisition. Die meisten dieser Herren waren Angehörige der Kurie und lebten in der kirchlichen Geisteswelt der nachtridentinischen Zeit. Zu den neun Qualifikatoren gehörten: der Theologe der Vatikanischen Basilika Oreggi, der Kanonikus von Sankt Peter, Alexander Boccabella, der Zisterzienserabt Rancati von Sta Croce, der Konsultor des Heiligen Offiziums Justinianus, der Kapuziner-Prokurator Franziscus de Nigro, und vier Dominikaner, die zur Kongregation gehörten.

Am 3. Dezember traten die Theologen zur Untersuchung der verdächtigen Sätze zusammen.[4)] Der Sitzung stand der Kommissar des Heiligen Offiziums vor, Fra Ippolito Maria Lancius O. P., der die 16 Sätze ausgewählt hatte. Den Theologen in Rom waren die Jesuitinnen und ihr Institut bekannt. Auch wussten sie, wie die Kurie über die fremdartigen Pläne der Frauen dachte: ein klausurloser Orden, ähnlich dem der Jesuiten! Die Qualifikatoren bekamen nicht das Verhör in die Hände, nur die ausgewählten Aussagen. Dem Prüfenden, der Zweifel am Verständnis anmeldete, wurde der betreffende Abschnitt aus dem Original verlesen; damit fehlte aber den vorgelegten Sätzen der Zusammenhang mit dem Ganzen. Man behandelte die Propositionen der geistig einfachen und verwirrten Frauen ähnlich, wie es sonst mit überlegten Worten gelehrter Männer geschah, die die Tragweite ihrer Äußerungen ganz anders abmessen konnten, als die sieben Engländerinnen dies in dem Verhör vermochten.

Welches waren die für die Qualifikatoren vorbereiteten Sätze?
1. Trotz des Aufhebungsdekretes bleibt die Kongregation die gleiche und vor Gott in Kraft wie vor der Aufhebung.
2. Die abgelegten Gelübde gelten im Gewissen auch nach der Aufhebung wie vor derselben.
3. Der Papst kann die Gelübde nicht aufheben, wenn die Frauen es nicht wollen.
4. Was die Gelübde betrifft, sind die Mitglieder mehr zum Gehorsam gegen die Generaloberin verpflichtet als gegenüber dem Papst.
5. Im Fall einer Exkommunikation wegen des Widerstandes gegen die Aufhebung können sie im Gewissen und vor Gott sicher sein, was auch im äußeren Forum geschehe. Von dem, was ihre Generaloberin wolle und solange es der Wille der Generaloberin sei, kann von den Mitgliedern nichts geändert werden, sondern es sei zu erleiden, was ihnen die Prälaten auferlegten.
6. An die Änderung des Habits, die Aufhebung der Gemeinschaft, das Verbot des Glockenläutens, die Erneuerung der Gelübde, die bei ihnen jährlich vorgenommen werde, und die Unterordnung unter die Mater Generalin sind die Frauen nicht gebunden. Darüber könne der Papst nichts vorschreiben, sondern er habe nur über die Zelebration der Messe und andere Riten in der Kirche zu bestimmen.
7. Die Frauen können über den guten Stand ihres Gewissens ruhig

sein, wenn sie ganz der Generalin vertrauen, die ohne Zweifel als erste Gründerin eine besondere Erleuchtung von Gott dem Herrn empfangen habe.

8. Keine sterbliche Kreatur kann sie von ihren Gelübden ohne Zustimmung und Erlaubnis der Generalin dispensieren.

9. Ob dieses Institut ohne Approbation des Papstes bestehen könne, sei der Entscheidung der Mater Generalin zu überlassen.

10. Obwohl das Institut aufgehoben sei, sollen die Untergebenen an ihren Gelübden festhalten, die sie der Mater Generalin abgelegt hätten und da diese noch am Leben sei.

11. Die in dem nicht approbierten Institut abgelegten Gelübde verpflichten im Gewissen, es sei denn, dass sie Gott dem Herrn abgelegt seien mit der Intention, sie zu halten.

12. Dieses Institut ist nach Meinung der Generalin nicht aufgehoben.

13. Die Treue, die sie Gott dem Herrn schulden, ist durch die Aufhebung nicht vermindert.

14. Alle Orden sind von Gott. Ob dieser von Gott sei, ist von der Mater Generalin zu erfragen, der sich die Verhörte überlässt.

15. Sie könne nicht glauben, dass der Papst den Weg zum Himmel verschließen wolle.

16. Außer den aufgelisteten Propositionen kann auch die sechzehnte dem Prozess hinzugefügt werden, nämlich die Auffassung der Mater Generalin in der Sendung der Visitatorin, wie deren Ermahnungen dahin gerichtet gewesen seien, dass jede einzelne Jungfrau Gott treu sein solle, wie sie es als Gottes Wohlgefallen beurteile. Diese Proposition schien allen Qualifikatoren sehr verdächtig für den Glauben zu sein wegen der häretischen Lehre der Calvinisten, die zu ihrer Zeit den Glauben nach ihrem eigenen Geist beurteilten.

Man braucht sich nicht zu wundern, wenn die meisten Aussagen als häretisch bezeichnet wurden. Zu bemerken ist auch, dass sich das Verfahren einzig auf die Lütticher Aussagen stützte und eigentlich nach Absicht der Kongregation ein Urteil über die verantwortliche Generaloberin begründen sollte, die persönlich nicht verhört wurde. Dazu schien wohl die Entfernung zwischen den Hauptorten zu weit: Lüttich-München-Rom. Unter solchen Voraussetzungen konnte von der Arbeit der Qualifikatoren kein Urteil erwartet werden, das alle Umstände einbezog. Vielleicht ist es nützlich, zwei der behandelten Propositionen kennen zu lernen.

Propositio 4: Aussage von Copley zur Frage 9 im Verhör:
Die Mitglieder schulden aufgrund der Gelübde mehr Gehorsam der Generaloberin als dem Papst.
Alle neun Qualifikatoren urteilen auf häretisch. Der Zisterzienserabt P. Rancati erklärte zunächst den Satz für unklug, schloss sich aber dem Urteil der anderen an, da er den ausschließenden Sinn darin entdeckte.
Alle: häretisch.

Propositio 5: Zur Aussage von Copley zu Frage 12 und von Campiana zu Frage 23 im Verhör:
Trotz des Widerstandes gegen die Aufhebung können die Mitglieder im Gewissen und vor Gott sicher sein, auch im Fall einer Exkommunikation. Sie dürfen von sich aus ohne Zustimmung der Generaloberin keine Änderung treffen, sondern müssen die Strafen der Prälaten auf sich nehmen.
Alle: häretisch.

In der Hauptsache betreffen die Sätze die bestrittene päpstliche Autorität, weil dem Oberhaupt der Kirche die Vollmacht zur Aufhebung des Instituts, zur Lösung der Gelübde, zur Beseitigung des Gemeinschaftslebens nicht zugestanden wird. Die Sätze sind auch völlig falsch, weil sie vorbeigehen an der Wirklichkeit, in der die Frauen lebten. Geständnisse der Verhörten gleichen oder ähnlichen

Inhalts sind nebeneinander gereiht. Darauf wiesen auch die Qualifikatoren gelegentlich hin; ebenso stellten sie Unklarheiten fest, so dass sie erst nach Verlesung des einschlägigen Textes aus dem Verhör ihre Entscheidung treffen konnten. Trotz der Mängel der vorgelegten Sätze ist zu sagen, dass es um Äußerungen der Engländerinnen ging, die nicht hätten fallen dürfen. Die Frauen klammerten sich hilflos aneinander und übertrieben in ihren Standpunkt und machten sich dadurch bedacht oder ganz unbedacht des Ungehorsams gegen Kirche und Papst schuldig, wie es schien.

Unter den gegebenen Voraussetzungen ist die Bezeichnung für Aussagen als häretisch verständlich, aber doch nicht richtig. Aufgrund mangelnder Information konnten die Qualifikatoren nicht wissen, dass die Visitatorin schon etliche Sätze bestritten hatte, die von Copley und Hall stammten. Diesen Tatbestand anerkannte Nuntius Carafa in einem Schreiben an das Heilige Offizium, als er gestand, dass eine Klärung der Differenzen nur durch Gegenüberstellung der Campiana mit Copley und Hall zu erreichen wäre; doch seien die beiden bereits nach England abgereist. Auch die Kardinäle der Inquisition sahen ein, dass das Urteil der Qualifikatoren mit den ungenügenden Vorlagen zusammenhing. Die Theologen konnten also keinen genügenden Nachweis einer Glaubensschuld der Frauen bringen. Trotz der Strenge im Vorgehen der Glaubenskongregation ging es den Kardinälen wie auch dem Papst um eine gerechte Beurteilung. Ein Verhör, ein Glaubensgericht wurde Maria Ward weder angedroht noch überhaupt erwähnt, wie in manchen Büchern früherer Zeit leichthin behauptet wurde. Sicher sahen die Kardinäle, die Maria Ward in Rom kennen gelernt hatten, deutlich ein, dass die starke Engländerin in eine Verwirrung geraten war, dass sich ihr Urteil gerade zur Absendung der Visitatorin verfestigt hatte; dadurch war ihre Person in den Verdacht verfehlter Rechtgläubigkeit geraten.

Am 5. Dezember fällte der Papst im Quirinal mit den Kardinälen der Inquisition das Urteil:[5)] Beide Frauen seien wegen der im Prozess enthaltenen Glaubensirrtümer einzusperren. Der Nuntius von Köln habe die Campiana in einen Kerker zu bringen und einen neuen Prozess vorzunehmen; weiter solle er sich mit dem Dekan Dr. Jakob Golla von der Münchner Frauenkirche verständigen, dass dieser die Generaloberin einsperre; dem Herzog von Bayern sei das mitgesandte Breve auszuhändigen, das gleichzeitig dem Dekan als Ausweis für seine Tätigkeit in München zu dienen habe; weiter habe der Kölner Nuntius für die sichere Überführung der beiden Frauen nach Rom zu sorgen, wenn die Haft beendet sei. Am 14. Dezember gingen die Anordnungen nach Lüttich und München. Kardinal St. Onofrio, der Bruder des Papstes, Antonio Barberini, schrieb als Sekretär der Kongregation die Briefe; er hatte die Korrespondenz der Inquisition bis 1633 zu leiten.

IV.
Maria Ward vor ihrer Haft in München

Aus dem zweiten Halbjahr von 1630 sind wenige Nachrichten von und über Maria Ward erhalten. Zumeist wohnte sie in München, wanderte aber zweimal von München nach Wien, um mit dem dortigen Nuntius Pallotta zu sprechen. Ob sie Wien auf eigenen Entschluss hin verließ, wie die englische und die italienische Vita schreiben, darüber liegt keine weitere Auskunft vor. Die Verfasserinnen beider Biographien heben als Grund für ihre Rückkehr nach München Marias eigene Initiative hervor; sie habe dem, was ihr bestimmt sei, nicht ausweichen wollen; denn in der Nähe des Kaisers ließe sich eine Gefangennahme nicht gut durchführen. Von den Lütticher Ereignissen hatte sie ohne Zweifel genaue Einzelheiten erhalten.[1)]

Was mag in Maria vorgegangen sein, als sie diese Nachrichten erhielt? Die Mitteilungen trafen sie sicher tief. Das Vorgehen der Winefrid muss eine große Enttäuschung für Maria gewesen sein. Nie hätte sie gedacht, dass ihrer Win in einer solchen Situation alle Klugheit fehlen könnte. Sie hatte der Visitatorin nie ein Oberinnenamt übergeben; erst in der großen Not an Mitgliedern hätte sie Winefrid als Vorsteherin berufen. Sie war doch eine der frühesten Gefährtinnen und auch durch die Familie mit ihr verbunden, hatte ihr großes Vertrauen geschenkt, wie die Briefe nach Neapel von 1624/25 beweisen. Wenn die Generaloberin ihr nun nach Lüttich schrieb, hatte der Ton sicher einen anderen Klang als in den frühen Briefen von Rom nach Neapel. Leider sind uns solche Mitteilungen nicht erhalten. Es mag Maria Ward auch oft der Zweifel aufgekommen sein, ob ihre Befehle im Brief vom 6. April berechtigt waren. Jedenfalls konnte sie sich keinen Vorwurf machen, die Treue zu Papst und Kirche verletzt zu haben. Sie hatte gehandelt, wie sie die Geschichte mit den Aufhebungsdekreten

verstanden, aber falsch ausgelegt hatte. In München erkrankte sie; das Fieber, so die Verfasserin Mary Poyntz der englischen Vita, habe sie nicht wegen der Furcht vor dem Kommenden angefallen. Maria suchte ihre Gefährtinnen in München zu beruhigen und zeigte die Vorgänge sicher in einem Licht, das den angsterfüllten Frauen helfen sollte, wenn schlimme Ereignisse eintreten würden.
Mary Poyntz im Paradeiserhaus bewunderte ihre Mutter, ihr Vertrauen, ihre Ausgeglichenheit. Ende November nach Gebet, Überlegung und Beratung mit den Gefährtinnen raffte sich die bedrängte Frau zu einem Hilferuf an Urban VIII. auf. Mit gleicher Post soll Maria Ward auch ein Schreiben an einen Kardinal nach Rom gesandt haben. Darin heiße es, so die englische Vita, Maria habe erfahren, eine Partikularkongregation des Heiligen Offiziums sei mit der Auflösung des Instituts befasst; man wolle sie als Häretikerin einsperren; sie habe aber beteuert, der Papst brauche ihr nur einen Wink zu geben und sie werde von ihrem Institut abstehen und sofort gehorchen; auch habe sie den Kardinal um die persönliche Übergabe ihres Memorials an Urban VIII. gebeten. Sei dem Adressaten dieser Dienst nicht möglich oder erscheine er ihm unpassend, bitte sie um Nachricht, damit sie einen anderen Weg suche; sie betrachte es als Gewissenspflicht, alles in ihren Kräften Stehende für ihr Institut zu unternehmen. Maria hatte also ziemlich genaue Informationen aus Rom erhalten. Wie hätte sie sonst von einer Gefangennahme als Häretikerin sprechen können, da zur Zeit der Abfassung ihres Briefes der Beschluss des Heiligen Offiziums in der Sitzung erst noch gefasst werden musste?
Nun richtete sie ihren Brief vom 28. November 1630 zur Aufklärung des Papstes über ihren Werdegang und als Bitte nach Rom. Sie schrieb, sie selbst wie ihre Gefährtinnen erlitten Unrecht; deswegen komme sie, um Hilfe zu erbitten. Sie sehe aber auch, dass sie noch etwas nachzuholen habe; sie habe zwar in den Audienzen wie auch in ihren Schreiben an Urban VIII. von ihrem Vorhaben gesprochen, aber nichts Wesentliches über ihren Berufungsweg mitgeteilt. Wine-

frid Wigmore hatte ja im Verhör ihre Hoffnung auf eine Wende für das Geschick des Instituts ausgesprochen, sobald Maria Ward mit dem Papst hätte sprechen können. Nun äußerte sich Maria dahin, sie setze ihre Erleuchtungen und die erfahrene Hilfe Gottes nicht über die Autorität der Kirche, ihre innere Sicherheit nicht über Urteil und Entscheidung des Papstes. Verlange Seine Heiligkeit, von ihrem Institut abzustehen, werde sie gehorchen. In dem Brief hält sich Maria an die Wahrheit, die wir heute auch aus anderen Dokumenten zu prüfen vermögen. Wohl hätte sie manche Details deutlicher aussprechen können, aber sie war Engländerin, die auch sonst nicht zu viel Worte machte und vor allem ihre inneren Erlebnisse nicht leichthin preisgab.

Als Stationen ihres Weges zählte sie die folgenden auf: seit 30 Jahren sei sie entschlossen, sich dem geistlichen Leben zu widmen – also seit 1600. Vor 25 Jahren habe sie Heimat und Eltern verlassen, um Gott besser dienen zu können, es war 1606. Von ca. 1600 an gehörten 10 Jahre – bis 1611 – dem Gebet und der Buße, um zu erkennen, in welchem Orden, in welcher Lebensweise Gott sie haben wolle. Was sie 22 Jahre – von ca. 1608/09 ab – ausübe, habe sie im Auftrag Gottes getan. Schließlich berief sie sich kühn auf ihre Sicherheit, „dieses Institut werde in der Kirche Gottes bis zum Ende der Welt bestehen". Am Schluss fasste sie zusammen: sie ziehe ihre Erleuchtungen nicht dem Urteil der Kirche, ihre Sicherheit nicht dem Urteil des Papstes vor. In äußerster Not sehe sie sich verpflichtet, dies Seiner Heiligkeit vorzulegen und seiner Entscheidung anheim zu stellen. Die Frau, des Ungehorsams verdächtigt, legte hier ein Bekenntnis für ihre Unschuld ab; man darf annehmen, dass sie bei den persönlichen Begegnungen mit Urban VIII. auch Vertrauen zu ihm gefasst haben muss. Beim Überblick über den Brief kann man sich fragen, ob sie darin wirklich genug gesagt habe, um ihren Weg erkennen zu lassen. Wo steht ein Wort über ihr Bemühen, der Lebensform und Verfassung der Gesellschaft Jesu zu folgen? Ohne Zweifel wusste sie, dass die

Beziehung zu dem Jesuitenorden an der Kurie unerwünscht war. Dass nun auch Frauen ähnlich vorgehen wollten wie die Jesuiten, erschien doch manchen in Rom als Schaden für die Kirche.

Fragen wir uns: Hatte Maria die Warnungen vergessen, die ihr sicher zu Ohren gekommen waren? Hatte sie die lange Wartezeit auf die päpstliche Approbation von 1621/22 bis 1625/26 in Rom einfach hingenommen, weil man die Geduld des Wartens aufbringen muss? Hatte sie in den Jahren bis 1630 von Pater Gerard keine Warnung mehr vernommen? In der harten Zeit wirkte in Maria alles zusammen: die Stärke ihres Charakters bis hin zum mangelnden Verständnis für römisches Denken und Vorgehen. Früher folgte Maria mit Bedacht den Weisungen, die sie von ihren geistlichen Begleitern erhielt, von Pater Lee in Saint-Omer, von Pater Gerard/Tomson in Lüttich; nun in Rom und München, in der schwierigsten Periode ihres Lebens, stand sie allein, suchte auch die Hilfe des in Rom anwesenden P. Gerard nicht mehr. Auch diese große Frau musste ihren Zoll zahlen, den die menschliche Armut jedem einmal abverlangt.

Der Brief lautet in deutscher Übersetzung:
„Heiliger Vater! Alles, was gegenwärtig gegen die Unsrigen in Flandern und in einigen Gegenden Deutschlands in Wort und Werk geschieht, veranlasst mich, meine Zuflucht zu Eurer Heiligkeit zu nehmen und in aller Demut Eurer väterlichen Erwägung zu unterbreiten, was ich eben zu schreiben im Begriffe bin. Es sind nun 30 Jahre, seitdem ich mich durch Gottes Barmherzigkeit entschloss, die Welt zu verlassen und mich dem geistlichen Leben zu widmen. 25 Jahre sind verflossen, seitdem ich mich von meinem Vaterland und meinen Eltern losriss, um der göttlichen Majestät besser gefallen und dienen zu können. 10 Jahre lang ergab ich mich dem Gebet, dem Fasten und der Buße und anderen angemessenen Übungen, um zu erfahren, in welchem religiösen Orden oder nach welcher Lebensregel ich gemäß göttli-

cher Anordnung meine Tage verbringen solle. Und das, wozu ich Unwürdige mich bekenne und was ich mit Hilfe der Gnade schon 22 Jahre lang ausübe, habe ich nicht – Gott ist mein Zeuge – weder im Ganzen noch zum Teil auf Überredung oder Eingebung irgend eines lebenden oder meiner je ansichtig gewordenen Menschen hin unternommen, sondern ganz und gar, insoweit dies menschlichem Urteil ergründlich ist, auf Befehl und ausdrücklichen Auftrag desjenigen, der weder betrügen noch betrogen werden kann, der auch Licht gab, um besagten Stand zu verstehen und zu erkennen, Neigung ihn zu empfangen und zu lieben, klare Erkenntnis von dessen Nützlichkeit, überfließende Offenbarung über die Verherrlichung, welche der göttlichen Majestät daraus werden sollte, liebreichen Antrieb in demselben zu arbeiten, wirksam gemacht durch Verleihung von Kraft dafür zu leiden, unzweifelhafte Verheißungen in Bezug auf dessen Förderung und Vervollkommnung und die Sicherheit, dass dieses Institut in der Kirche Gottes bestehen werde bis zum Ende der Welt. Mit dieser kurzen Erklärung beabsichtige ich nichts weniger als derartige Erleuchtungen und Einsprechungen der Autorität der Heiligen Kirche oder meine innere Überzeugung dem Urteil und der Entscheidung des obersten Hirten vorzuziehen, sondern nur im gegenwärtig äußersten Notfall alles so, wie es ist, Eurer Heiligkeit vorzulegen, was ich hiermit in Demut tue. Befehlen mir dann Eure Heiligkeit, von dieser Lebensweise abzustehen, so wird mein Gehorsam nicht fehlen. Möge Gott in seiner Barmherzigkeit bei dieser Gelegenheit nicht auf meine Unwürdigkeit sehen, sondern Eurer Heiligkeit eingeben, hierin zu tun, was am meisten seiner göttlichen Ehre dient. Quam Deus …
München, 28.November 1630."[2)]
Der Brief ging an den Papst. Es findet sich dazu keine Stellungnahme.

Wer in dem bewegten Leben Maria Wards einen Höhepunkt sucht, findet ihn in den Jahren 1629–1631. Die Gründerin erlitt ihre tiefste

Demütigung, verstummte auch für einige Zeit, zerbrach aber nicht an der Sorge, die sie bedrückte. In den Monaten der Lütticher Ereignisse und der Verhandlungen darüber in Rom lebte sie, weit weg vom Schuss, in München, obwohl sie in der Mitte der Vorgänge in Lüttich wie der Beratungen in Rom stand. Einige Tage vor ihrer Inhaftierung schrieb die Generaloberin noch an ihre Gefährtinnen in den nördlichen Häusern. Es müssen Bedenken in ihr aufgetaucht sein, ob sie mit ihren Anordnungen im Brief wie bei den Befehlen für Winefrids Mission richtig vorgegangen sei. Denn aus den Mitteilungen aus Lüttich und Rom dürfte sie angenommen haben, dass der Papst sein Wort gesprochen habe und das Institut auflöse. In ihrem kurzen Schreiben begründete Maria schlicht und einfach ihre Anordnung mit dem Willen des Papstes.

Das kurze Schreiben lautet wörtlich, ein Brief aus der Seele der Gründerin:

„Meine lieben Mütter und Schwestern in Christus, falls Seine Heiligkeit durch Nuntien oder andere Geistliche die Fortdauer Eurer Lebensweise und die gegenseitige Unterordnung oder Abhängigkeit dort, wo Ihr lebt, verbietet, gehorcht sofort. Dabei sei Euer Beweggrund der gleiche wie der meinige in dieser Anempfehlung, nämlich der, weil Seine Heiligkeit es will.

Im übrigen liebt den, um dessen Liebe willen Ihr Heimat und Familie verlassen habt, und dient ihm, so gut Ihr könnt; und nun haltet aus etc; in nichts anderem kann ich Euch in diesem und im anderen Leben dienen als mit dem, was Euch schon gehört. Warm empfehle ich meine Mängel Eurem frommen Gebet.

Eure Dienerin in Christus

Maria della Guardia. München, 2. Februar 1631.“ [3)]

Der kleine Brief erhielt einen Nachschub am 10. Februar, drei Tage nach ihrer Einkerkerung. Er kam nun aus ihrer Gefangenenzelle. Dieses Schreiben kam nicht zu den Dokumenten der Kongregation.

Es ging durch die Hände des Dekans an die ehemaligen Mitglieder. Was steht darin?

„Ehrwürdige liebe Mutter. Der hochwürdige Herr Dekan dieser Stadt München, ein Prälat, der alle Achtung verdient, trug mir auf, mit diesem Schreiben die Anordnung zu unterstützen, die ich Ihnen und allen Unsrigen gegeben habe, wo sie auch wohnen oder in welcher Provinz auch immer, einige Tage vor meiner Haft, die am 7. Februar erfolgte; ich wollte, dass Mutter Elizabeth Cotton dies Schreiben an all unsere Kollegien übersende, wenn ich gefangen genommen werde. Ich habe nun keine der Unsrigen gesehen und mit keiner von ihnen gesprochen. Aber ich bin sicher, sie habe das nicht unterlassen, was ihr aufgetragen wurde. Vielleicht haben sie (die Gefährtinnen) eine Kopie vermisst. Mit derselben Anordnung kommt heute mit diesem Brief eine Abschrift. Beachten Sie, bitte, den Inhalt sehr genau und mit der rechten Einstellung (with a right hart). Im weltlichen Stand werden Sie zweifellos Gott mehr dienen können, nämlich ohne sich selbst und andere zu belasten. So wünsche ich Ihnen nicht weniger Gutes, als ich es meiner eigenen Seele wünsche. Ich bleibe immer die Ihre, wie ich es bin (whear in I am).

Anordnung unserer Mutter an uns vom Gefängnis aus – eigenhändig 10. Februar 1632 (?).“ [4]

Die Jahreszahl muss heißen: 1631, für Leitner war 1632 ohnehin ungewiss; er folgte seiner Vorlage.

Im Archiv des Heiligen Offiziums ist der Brief vom 2. Februar siebenmal erhalten. Er wurde in den Schreiben der Gefährtinnen nach Rom immer wieder mitgesandt zur Rechtfertigung Maria Wards. So z. B. in der Erklärung der Münchener Gefährtinnen vom 14. März 1631. Ist nun das kurze Schreiben als Widerruf auf die Mitteilungen vom 6. April 1630 zu werten? Marias Meinung kennen wir nicht. Der große Jurist Papst Benedikt XIV. nahm in seiner Konstitution „Quamvis iusto“ von 1749 an, Maria Ward sei weniger streng für ihren Widerstand gestraft worden, da sie rechtzeitig widerrufen habe. Das Studium des Briefes ergibt aber, dass Maria Ward noch an ihrer Überzeugung festhielt, ein endgültiger Bescheid des Papstes liege noch nicht vor.

V.
Maria Ward in Gefangenschaft

Welche Nachrichten gibt es über Marias Überführung in die Kerkerhaft? Am 7. Februar 1631 gegen vier Uhr nachmittags erschien Dekan Dr. Jakob Golla mit zwei Kanonikern der Stiftskirche Unserer Lieben Frau im Paradeiserhaus, um die Generaloberin ins Angerkloster der Klarissen abzuführen. Mary Poyntz, die Oberin des Hauses, und Elizabeth Cotton, die Sekretärin, waren bei der Besprechung mit Golla zugegen. Maria erlebte keine Überraschung. Sie stand nicht unvorbereitet vor dem Dekan. Aus den Mitteilungen von Rom wusste sie längst, dass das Heilige Offizium die Aufhebung des Instituts und ihre Gefangensetzung verlange. Zunächst verlas Dekan Golla das Schreiben von Kardinal St. Onofrio vom 14. Dezember 1630.[1)] Im Gespräch mit dem Dekan berührte Maria die gegen sie vorgebrachten Anklagen wie auch die Behandlung, die ihr nun zuteil werde, als unvereinbar mit dem gütigen Verhalten des Papstes, das sie persönlich erfahren habe. Sie stellte die Frage, ob Urban VIII. das Institut nun aufheben oder weiter dulden wolle, wenn er es nicht approbieren könne; darauf gab Golla keine Antwort. Dann überließ Maria ohne Gegenwort ihre Schriften dem Dekan. Ein Wort der Enttäuschung über den Kurfürsten fiel, weil er ihr keinerlei Nachricht habe zugehen lassen. Offenbar wusste Maria noch nichts von der strengen Schweigepflicht des Heiligen Offiziums, mit der alles, was dieses Dikasterium betraf, geheim gehalten werden musste. Davon waren auch hochangesehene Fürsten nicht dispensiert. Zum Schluss dankte Maria dem Dekan für seine Mühe und entschuldigte sich wegen der Unannehmlichkeiten, die ihm ihretwegen entstanden seien. Außer dem Kurfürsten waren nur die Äbtissin des Angerklosters und einige Klarissinnen wie auch deren Beichtvater, ein Franziskaner, verständigt worden. Die Bitte, sich bei ihren Gefährtinnen verabschieden zu dürfen, lehnte Golla ab, um Unruhen zu vermeiden. Maria fügte sich. Die tief gedemütigte Frau kniete zu einem kurzen Gebet nieder, ging dann mit den Herren und den beiden Schwestern zur Pforte und bestieg den Wagen. Lieber wäre sie zu Fuß gegangen; doch Golla erlaubte dies nicht, um kein Aufsehen in der Stadt zu erregen.[2)]

Die römische Anordnung hörte Maria bei ihrer Gefangennahme im Paradeiserhaus. Nach einem Wort der Achtung für Dekan Golla teilte der Kardinal den Auftrag des Papstes mit, die Generaloberin der Jesuitinnen gefangen zu setzen, da sie sich den Dekreten und päpstlichen Anordnungen für die Aufhebung ihres neuen und gefährlichen Institutes in verwegenem Ungehorsam widersetzt und dann entgegengesetzte Befehle gegeben habe. Der Kardinal verwies auch auf den Versuch im Verhör, mit häretischen, schismatischen und skandalösen Propositionen das Institut zu verteidigen, wie die Qualifikatoren diese bezeichnet hätten. Zugleich gelte das beigelegte Breve an den Herzog von Bayern auch ihm, dem Dekan, als Bestätigung für seine Aufgabe; der Fürst solle im Notfall mit dem weltlichen Arm eingreifen. Nach der Haft habe Golla für die Überführung der gefangenen Frau nach Rom zu sorgen. Dr. Golla möge sich für seine Aufgabe mit dem Kölner Nuntius verständigen, der gleiche Aufträge für die Visitatorin in Lüttich erhalte.
Am 10. Januar 1631 konnte Carafa berichten, dass die römischen Aufträge angekommen seien.[3)] Am 28. Januar berichtete Golla dem Nuntius vom Erhalt des römischen Befehls und teilte mit, er werde Maria Ward am 7. Februar gefangen setzen und nach der Einkerkerung Bericht erstatten.[4)] Golla hatte als Ort der Haft das Klarissenkloster am Anger gewählt.
Wegen ihres leidenden Zustandes durfte Maria eine Pflegerin mitnehmen, Anna Turner, die Schwester, die sie schon auf ihren Reisen begleitet hatte. Den Gefährtinnen des Paradeiserhauses wurde er-

laubt, ihre gefangene Mutter mit Nahrung, Wäsche und Kleidung zu versorgen. So kam zweimal täglich der Speisekorb. Im Angerkloster lebte Maria streng abgeschlossen. Am Anfang durfte sie der heiligen Messe nicht beiwohnen; bis 28. März blieb sie vom Empfang der Sakramente ausgeschlossen. Die kleine Zelle für die beiden Frauen lag in der Krankenabteilung des Klosters; es fehlte frische Luftzufuhr, bei dem winzigen Fenster auch genügend Licht; eine leise Klage steht auch in einem Schreiben Maria Wards über die Spuren von Krankheit, die von einer früheren Bewohnerin des Zimmers zurückgelassen waren; Maria schrieb in kurzen Briefen und Grüßen auf die Einwickelpapiere, die mit ihren Speisen kamen, mit Zitronensaft, um keinen Verdacht zu erregen; jeder Briefverkehr war ihr verboten. Die mit Zitronensaft beschriebenen Papiere wurden lesbar, wenn sie über Feuer gehalten wurden. Was offiziell zu schreiben war, ging über die Äbtissin oder den Dekan.

Am 11. Februar teilte Golla dem Nuntius Carafa mit, er habe die Generaloberin der Jesuitinnen gefangen gesetzt; sie habe bescheiden und ergeben Gehorsam geleistet; weder sie noch sonst jemand habe Ungebührliches gesagt oder getan; die Frau sei dauernd krank. Mit Nahrung werde sie von ihren Jungfrauen versorgt. Er fügte die Frage bei, wer denn für die großen Unkosten für die Romreise aufkommen werde, da die Jungfrauen arm seien; er bat den Nuntius, Vorsorge zu treffen.[5)]

Am 13. Februar ging ein Schreiben des Dekans an den Kardinal in Rom. Auch hier ist zu lesen, dass die Generaloberin den päpstlichen Anordnungen Gehorsam geleistet habe und dass sich nichts Ungebührliches von ihrer Seite oder von anderen Jungfrauen ereignet habe. Wegen des Kommens nach Rom meldete Golla schon in diesem Brief, dass daran zu dieser Zeit wegen der Gesundheit der kranken Frau nicht zu denken sei; zudem seien die Pässe bis März/April geschlossen; für die kostspielige Reise könnten die armen Gefährtinnen nicht aufkommen.[6)] In den alten Schriften des Instituts wird Golla

als hartherziger Polizist hingestellt. Wer seine Briefe liest, lernt sein menschliches Vorgehen kennen.
Im Paradeiserhaus löste die Gefangenschaft eine große Betrübnis aus. Sie fand Ausdruck in den folgenden Hilferufen. Am 13. Februar, es war Posttag, sandte Elizabeth Cotton zwei Schreiben verschiedener Länge an Elizabeth Keyes, die verantwortliche Gefährtin im römischen Haus. Am gleichen Tag richtete die Kommunität des Hauses ein Bittschreiben an Papst Urban VIII. und ein weiteres an die Kardinäle des Heiligen Offiziums.
Die Sekretärin berichtete über die Gefangennahme durch Dekan Golla, über die ruhige Gefasstheit und den Gehorsam der Betroffenen, erwähnte die Konfiszierung ihrer Schriften und die Entbehrung von Messe und Sakramenten im Angerkloster; der Dekan habe den Abschied von den Schwestern vor dem Weggang nicht erlaubt; der Kurfürst habe von dem römischen Vorhaben gewusst und dazu geschwiegen! In dem längeren Brief sprach Cotton ihren tiefen Schmerz aus, dass man Maria Ward nun für ihre heroische Tugend verurteilt habe; bei ihrem schlechten Gesundheitszustand fürchte sie für das Leben der Gefangenen. Anerkennend erwähnte die Schreiberin, dass Golla einen ehrenwerten Aufenthaltsort für Maria gewählt, das Klarissenkloster am Anger, und auch die Sache streng geheim gehalten und eine Begleiterin gestattet habe.[7)]
Über die zweifache Fassung des Cottonbriefes vermutete P. Joseph Grisar, dass die längere Fassung wohl für Kardinal Ginetti bestimmt gewesen sei; der Kardinal sollte besucht werden, damit er beim Papst die Freilassung Maria Wards erbitte;[8)] denn im nächsten Schreiben beauftragte Cotton am 20. Februar ihre Gefährtin in Rom, den Kardinal Ginetti zu besuchen, damit er beim Papst sich für die Freilassung Marias einsetze. In diesem Schreiben bedauerte Cotton, keine Nachricht über die Gefangene senden zu können. Wohl gingen außer diesem Brief auch die Schreiben der Gefährtinnen an Kardinäle der römischen Kongregation; diese sollten klar sehen können, dass Maria

Ward keine Häretikerin sei. Auch berichtet Cotton, im Paradeiserhaus werde wie bei anderen Gelegenheiten sehr viel gebetet.[9)]

Was steht nun in den Schreiben an Papst und Kardinäle? Urban VIII. gegenüber beklagten die Münchner Frauen die von den Kardinälen des Heiligen Offiziums angeordnete Gefangennahme als Häretikerin, Schismatikerin und Rebellin, die Beschlagnahme ihrer Schriften, die Aufsehen erregende Gefangennahme; dies alles habe die Ehre der Gefangenen als Adelige und als Frau, wie auch die Ehre der Schreiberinnen und ihrer Familien und Verwandten tief getroffen. Die Gefährtinnen erbaten die Freilassung der kranken Gefangenen; man solle sie nicht lebendig begraben, sie aber nach Rom berufen, damit sie in ihrer Sache sprechen könne, über die so schmählich in aller Öffentlichkeit verhandelt werde.[10)] In den Anführungen über die Gefangene als Häretikerin usw. gehen die Schreiberinnen über die Tatsachen hinaus. Maria Ward wurde nie als Häretikerin usw. erklärt, auch keine ihrer Gefährtinnen.

Im Schreiben an die Kardinäle der Kongregation erinnerten die Gefährtinnen an Maria Wards Briefe vom 28. November 1630 und vom 2. Februar 1631 als Zeugnisse des Gehorsams ihrer Generaloberin; sie baten die Eminenzen um Hilfe, beklagten die strenge Gefangenschaft, die ohne Verhör erfolgt sei und die Gefangene wegen ihres gesundheitlichen Zustandes in Lebensgefahr bringe.[11)] Am 27. Februar sandte Cotton dieses Schreiben nochmals nach Rom, falls die erste Sendung nicht ankommen sollte; sie vermerkte auch, die Briefe seien allen zuständigen Personen auszuteilen, damit das Leben ihrer streng eingesperrten Mutter gerettet werde. Diese könne nur mehr kurze Zeit leben, wenn es so weitergehe.[12)]

Welche Nachrichten von Carafa und Golla gingen in den folgenden Wochen nach Rom und welche Anordnungen traf der Papst in den Sitzungen? Am 21. Februar teilte Carafa unter Mitsendung des Schreibens von Golla dem Kardinal in Rom mit, die Einsperrung der Generaloberin sei erfolgt; er bat um die Entscheidung, auf welchem Weg diese nach Rom zu senden sei.[13] Am 25. Februar steht im Brief Gollas an Carafa, die eingesperrte Generaloberin gebe im Klarissenkloster durch ihre Geduld und Bescheidenheit ein großes Beispiel. Wieder folgten seine Bedenken wegen der ungünstigen Zeit für die Romreise.[14]

Wir kommen zu den Gehorsamserklärungen der Gefährtinnen. Der Brief vom 2. Februar zeigte bald seine Wirkung. Die drei Gruppen, die in die römischen Verhandlungen einbezogen waren, die Frauen in München, Lüttich und Rom, folgten der Weisung Maria Wards und unterwarfen sich im Gehorsam den Anordnungen des Papstes. In München unterzeichneten am 14. März 1631 die 33 Mitglieder im Paradeiserhaus mit ihrer Unterschrift die Erklärung, die in Übersetzung aus dem Italienischen folgenden Wortlaut hat:
„IHS. Nach Kenntnis der Einsicht in Absicht und Willen Seiner Heiligkeit, dass jede, die dieser Gesellschaft angehört, ihre gewohnten Übungen aufgebe, wie auch den Gehorsam gegen die Oberinnen dieser Gesellschaft, dass sie sich nicht mehr als der Gesellschaft zugehörig ansehen solle, sondern dass jede in Titel und Siegel etc. als bloß weltliche Person erscheine und auftrete, unterwerfen wir uns alle, die an diesem 14. März 1631 unterschrieben haben, dem Willen Seiner Heiligkeit, indem wir uns nicht mehr als dieser Gesellschaft zugehörig ansehen, sondern ganz weltlich sind."[15]

Die 33 Unterschriften stammen von 16 Engländerinnen, 10 Deutschen, 3 Italienerinnen, je einer aus Venedig, Neapel, Spanien und Frankreich. Als erste unterzeichnete „die Oberin Mary Poyntz, alias Campiana." Dann folgten die Sekretärin Cotton, Jane Brown, eine der Gefährtinnen der ersten Stunde, die Novizenmeisterin Cecilia Morgan und die Leiterin der Schule in München Winefrid Bedingfield. Von den englischen Schwestern waren mehrere erst im Jahr 1630 aufgenommen worden. Fragen wir gleich, wie viele Gefährtinnen bei Maria Ward aushielten nach Veröffentlichung der Bulle. Genaue Zahlen fehlen. Mit Sicherheit lässt sich nur sagen, dass die meisten Engländerinnen blieben, von den übrigen aber nur wenige ausharrten. Am 20. März ging das Schreiben von München nach Rom; der Brief Maria Wards vom 2. Februar wurde beigefügt.

Es ist erstaunlich, dass offenbar so viele Schwestern im Paradeiserhaus Platz fanden. Feststellen lässt sich noch, dass unter den 33 Gefährtinnen über zehn Novizinnen waren; nach Notizen im Institutsarchiv München gab es im Jahr 1630, vielleicht sogar noch 1631, die eine und andere Aufnahme. Das war unrechtmäßig, aber wohl auch ein Zeichen, dass Maria Ward immer noch auf ein endgültiges Wort des Papstes wartete wie auch dafür, dass sie berechtigte Sorgen um die 14- oder 15-jährigen Mädchen hatte, die sie in der Fremde nicht allein stehen lassen konnte; denn die jungen Frauen hatten wie sie selbst und die übrigen Gefährtinnen aus England die Heimat um des Glaubens willen verlassen. Sicher fühlte Maria Ward den Eltern gegenüber ihre Verantwortung, die sie in der Tat hatte. So traten Frances Constable und Frances Bedingfield z. B. 1630 im Alter von 14 Jahren in das schon aufgehobene Institut ein. Auch verwandtschaftliche Bande bewirkten häufig den Eintritt. Unter den 33 Gefährtinnen fanden sich 4 Geschwisterpaare: Bedingfield, Babthorpe, Marshall und Constable. Von den späteren Schicksalen ist nur zu sagen, dass ca. 15 von den 33 Gefährtinnen über die Aufhebungszeit hinaus Maria Ward die Treue hielten: ein ungesichertes Leben stand vor ihnen. Neun der 33 Frauen starben in München, drei in Rom.

Es gab auch Gefährtinnen, die sich anderen Orden zuwandten. Crisogona Wakemann, bis 1630 Mitglied des Hauses in Neapel, wie die Oberin des dortigen Hauses Mary Ratcliff traten nach der Aufhebung des Hauses in Neapel bei den englischen Karmelitinnen in Antwerpen ein, wo auch Francis, die Schwester Maria Wards, lebte, Theresa von Jesus. Anna Maria Grünwaldin verließ das Paradeiserhaus und trat im Angerkloster ein.

Sechs Tage nach der Münchner Erklärung, am 20. März, unterschrieben die fünf Lütticher Gefährtinnen ihre Unterwerfung. Die dort verbliebenen Frauen bezeichneten sich als „weltliche Personen und Töchter der Kirche", bereit für den Gehorsam gegen den Heiligen Stuhl auch das Martyrium zu erleiden.[16)]
Die Römerinnen ließen sich für ihre Unterwerfung ein wenig mehr Zeit; ihre Erklärung folgte erst am 18. Juni nach der Publikation der Bulle, die in Rom am 31. Mai im Lateran und an anderen Orten aufgehängt war. In Rom gab es nur 5 Frauen, 3 von ihnen waren Engländerinnen; alle erklärten sich als weltliche Personen.[17)] Von den in Köln und Trier lebenden Jesuitinnen liegen keine Erklärungen vor; solche wurden auch nicht verlangt.
Was kommt in diesen Wochen von Rom als Reaktion auf die eingelaufenen Briefe? Am 22. März meldete Kardinal St. Onofrio bei Golla die Bedingungen für die Romreise Maria Wards,[18)] wie sie der Papst in der Sitzung vom 20. März angeordnet hatte.[19)] Eine Sorge schien sich aufzuklären. Maria bedurfte einer Bürgschaft, also einer Person, die mit einer stattlichen Summe für ihre Ankunft in Rom die Verantwortung tragen werde. Der Kardinal meldete, in Rom wollten einige Frauen dafür aufkommen. Wer diese waren, kam nicht ans Licht. Der Kardinal schrieb auch, dass für die Bürgschaft die größtmögliche Summe geleistet werden solle; weiter habe Golla den Termin des Eintreffens der Generaloberin in Rom festzusetzen und einen Kommissar zu bestimmen, dass sie nicht vom Weg abweichen könne; darüber verständige sich der Dekan mit dem Nuntius. Auch habe die Partikularkongregation die Rückerstattung der Schriften gebilligt, da in ihnen nichts enthalten sei, das die Causa betreffe. Am 6. März wurde schon nach Verlesung der Schreiben des Nuntius und des Dekans der Gefangenen jeder mündliche und schriftliche Verkehr verboten; doch sei sie mit dem Notwendigen zu versorgen.[20)]
Maria Ward befand sich in einem schlechten gesundheitlichen Zustand seit Beginn ihrer Haft. Aber in der zweiten Märzhälfte wurde

ihre Krankheit immer bedrohlicher. Die Gefährtinnen konnten nicht an die große Reise denken, auch Golla nicht. Die Frage war in diesen Wochen: Wird sie überleben? Als Maria Ward um die Sterbesakramente bat, glaubte Golla, sie müsse zuvor ein Schriftstück unterzeichnen, das er ihr vorlege. Dazu konnte sich die Kranke nicht entschließen. Sie fürchtete, man werde aus einer Formulierung ein Zugeständnis von Ungehorsam gegen Papst und Kirche ableiten. Darum kam sie zu ihrer eigenen Erklärung. Lieber wollte sie, wie sie sagte, auf die Sterbesakramente verzichten als den vorgelegten Text unterschreiben. Am 27. März durften Elizabeth Cotton und Mary Poyntz zu ihrer schwerkranken Mutter in die Klausur des Angerklosters kommen. Bei dieser Gelegenheit schrieb wohl die Sekretärin die feierliche Erklärung nieder, die Maria vorbereitet hatte. Auch in so unmittelbarer Lebensgefahr war Maria sicher, keine Schuld auf sich geladen zu haben. Sie bat, dass eine dafür zuständige Stelle aufgrund zuverlässiger Informationen ihre Verfehlungen gerichtlich feststellen möge. Die zuständige Stelle wäre nach ihrer Auffassung vor allem der Papst mit den Kardinälen gewesen. Dekan Golla nahm die persönliche Erklärung der Gefangenen an.[21] Am 28. März empfing Maria die Sterbesakramente. In diesen Tagen letzter menschlicher Armut in Lebensgefahr zeigte sich aufs neue die Größe dieser Frau. Nüchtern und klar überschaute sie ihre Lage; trotz des elenden Zustandes vermochte sie die Tragweite ihres Tuns und Lassens abzumessen. Auch vor dem Tod wusste sie sich sicher in ihrer Treue zu Kirche und Papst.

Von den schweren Tagen sind in den Institutsarchiven zwei Briefe erhalten. Cotton teilte am 27. März ihrer Gefährtin in Rom mit, warum Maria ihre eigene Erklärung vorgelegt habe, die bereits dem Dekan zugesandt worden sei.[22] Am gleichen Tag oder am 28. brachten die Gefährtinnen des Paradeiserhauses aufs neue ihre Not vor die Kardinäle der Inquisition: ihre kranke Mutter sei unter der schweren Anklage auf Häresie ohne Verhör in den Arrest gebracht, in ungesunder Umgebung eingesperrt und der Sakramente beraubt worden. Die Kardinäle als die für die Einsperrung Verantwortlichen mögen für Hilfe sorgen, bevor es zu spät sei.[23] Wiederholt in offiziellen Schreiben wird den Kardinälen die Verantwortung für die Haft usw. zugeschrieben. Aber alles, was Maria Ward zu ertragen hatte, kam doch von Anordnungen des Papstes Urbans VIII. Es handelte sich hier wohl um eine zeitgemäße Form von Höflichkeit.

Merkwürdig berührt Gollas Schreiben an Kardinal St. Onofrio vom 30. März. Maria, so ist in seinem Bericht zu lesen, habe die Sterbesakramente empfangen. Wieder bat er um Weisungen und schickte auch das Dokument der 33 Münchner Gefährtinnen wie Marias Brief vom 2. Februar nach Rom. Man kann sich fragen: Wo bleibt Marias eigene Erklärung? Musste Golla Sorge haben, weil nicht seine Vorlage unterzeichnet wurde, die sicher einen stärker kirchenrechtlichen Wortlaut hatte? Jedenfalls ist Marias feierliche Erklärung in das Archiv des Heiligen Offiziums gelangt. Offenbar sandte der Dekan seinen Brief vom 30. März in der Hoffnung, der Papst werde nun die Entlassung der Generaloberin aus der Haft anordnen.[24]

Am 8. April schickte Golla die Vorschriften des Papstes für Marias Romreise an Nuntius Carafa; dazu äußerte er seine Bedenken, ob sich jemand für die Bürgschaft hergeben werde, und stellte die Frage, woher denn die Geldsumme kommen solle für Marias Reise mit einem Kommissar, und ob sich überhaupt ein an Qualität geeigneter Herr finden lasse für diese Aufgabe. Er bat um die Stellungnahme des Nuntius.[25]

VI.
Maria Wards Freilassung
Letzte Monate in München

Langsam besserte sich Marias Gesundheit. Am 10. April 1631, immer noch im Angerkloster, richtete die Gefangene ein Schreiben an Urban VIII. Sie bat um Verzeihung, falls ihre Mühe, die nur auf den Dienst der Kirche und des Heiligen Stuhles gerichtet gewesen sei, ohne ihr Wissen und Wollen Seiner Heiligkeit missfallen hätte. Als Sühne biete sie zu all dem, was sie und ihre Gefährtinnen an Leid und Schmach bisher erfahren hätten, auch ihr Leben an. Dann schrieb sie, sie könne unter den Bedingungen, die Dekan Golla ihr mitgeteilt habe, die Romreise kaum unternehmen. Sie bat um Befreiung aus der Haft und um die Erlaubnis, ohne die Auflagen den weiten Weg machen zu dürfen. Besonders bat sie, dass ihr die Erstellung einer Bürgschaft und die Begleitung durch einen Kommissar erlassen würden. Aufs neue bestritt Maria, je die ihr zur Last gelegten Vergehen begangen zu haben. Ob eine objektive, ihr nicht bewusste und nicht beabsichtigte Schuld in ihrem Verhalten oder in ihrem Institut enthalten sei, das stelle sie der Entscheidung einer zuständigen Person anheim. Maria Wards Absicht ging auch hier nicht auf einen formellen Widerruf zu, sondern auf die Richtigstellung ihrer Lage durch eine gerichtliche Untersuchung.[1)] Die einzige Lösung nach all den Beweisen ihres Gehorsams wäre ein Verhör gewesen, in dem sie ihre Absichten hätte vorbringen können. Warum wurde ein solches Gespräch nicht angeordnet? Wir können heute dies nicht mehr verstehen, hatte sie doch um eine Anhörung wiederholt gebeten.

Am gleichen 10. April anerkannten Papst und Kardinäle in ihrer Sitzung die Ermahnung der Generaloberin zum Gehorsam vom 2. Februar. Aber auch jetzt kam es noch nicht zu der Anordnung,

Maria Ward aus der Haft zu entlassen.[2] Dass sie dann schon bald heimkehren konnte, war wohl Gollas Einsicht und Verantwortung zuzuschreiben. Am 1. Mai war wiederum Sitzung, in der Marias Memorial vom 10. April verlesen wurde. Der Papst verlangte eine Beratung über die Causa und eine Nachricht an Nuntius und Dekan, sie sollten wegen der Krankheit Marias Gefangenschaft erleichtern.[3] Die Nachricht kam zu spät; doch war von einer Befreiung am 1. Mai auch noch nicht die Rede. In der folgenden Sitzung am 8. Mai wurde nochmals ihr Memorial verlesen wie auch die Briefe des Dekans; nun verlangte der Papst von Maria das Toties-quoties-Versprechen, sich auf jeden Befehl des Heiligen Offiziums zu stellen. Weiter forderte er, sie sei nach Rom zu schicken und solle das Jesuitinnenkleid ablegen, wenn sie nicht in einen approbierten Orden eintreten wolle.[4] Das Versprechen, sich immer wieder zu stellen, hob natürlich die Verpflichtung zur Romreise nicht auf; es war nur die Vorschrift für jeden Befehl der Inquisition immer bereit zu sein. Die Anordnungen des Papstes gingen am 10. Mai an den Dekan in München.[5]
Am 14. April kehrte Maria Ward in der Kutsche der Kurfürstin ins Paradeiserhaus zurück. Es musste der mutige Entschluss des Dekans gewesen sein, der ihn, ohne einen römischen Befehl, Maria Ward in die Freiheit setzen ließ.[6] Eine unerwartete Enttäuschung kam nun über sie; glaubte sie doch endlich ihre Freiheit wieder erhalten zu haben. Aber sie stand unter der Inquisition, die ihre Schritte unter Kontrolle hielt. So blieb es für die Jahre, die sie noch in Italien zu verbringen hatte. Damit blieb die Verdächtigung auf Ungehorsam gegen Papst und Kirche an Maria Ward haften und blieb es bis in die nächsten Jahrhunderte hinein.

Nun lichteten sich auch immer mehr die Reihen der Gefährtinnen. Die Trennungen brachten viel Leid über die geprüfte Frau; aber auch an diesen Enttäuschungen zerbrach sie nicht. Die, welche bei ihr blieben, hatten eine innere Stärke, die der ihren glich. Trotz der Leiden, der

Sorgen und ihrer zerrütteten Gesundheit richtete Maria ihren Blick auf die ihr auferlegte, aber auch von ihr selbst gewünschte Romreise. Doch zuvor galt es, noch schwierige Probleme zu lösen.
Endlich zeigte sich die Aussicht auf Erlangung einer Bürgschaft. Golla schrieb darüber am 15. und 17. April an Nuntius Carafa und den römischen Kardinal. Der Kanonikus von Unserer Lieben Frau in München, der Engländer Henry Ansloe, habe nun die Bürgschaft von 1000 Talern für Maria Ward übernommen; daraufhin habe er, Golla, Maria Ward aus der Haft entlassen. Dies war die erste Mitteilung in Rom von ihrer Befreiung; weiter teilte er mit, sie sei todkrank gewesen, beginne aber nun, sich zu erholen. Für ihr Eintreffen in Rom habe er den 24. Juni vorgeschrieben. Im Schreiben an den Kardinal fügte er wieder die Bitte an, wegen der hohen Kosten von der Auflage abzusehen, mit einem Kommissar reisen zu müssen, da eine geeignete Person kaum zu finden sei.[7)]
Bald nach ihrer Rückkehr ins Paradeiserhaus kam ein weiterer Schatten über Maria. Der Kölner Nuntius meldete am 30. Mai, er sehe die Verbringung Maria Wards nach Rom als äußerst notwendig an; dort solle sie bis zur Veröffentlichung der Aufhebungsbulle eingesperrt werden; sonst würden immer neue Schösslinge aus dieser Wurzel auftauchen. Darauf berichtete er vom Versuch zweier Jesuitinnen aus Köln, die in Luxemburg ein Haus zu gründen suchten; er glaube, dies geschehe auf Anstiften der Generaloberin. Schon habe er an den Magistrat von Luxemburg und auch an die Infantin Isabella in Brüssel geschrieben.[8)]

Wie kam nun diese Frage zu ihrem Ende? Sicher genügte dem Heiligen Offizium Maria Wards Erklärung nicht, wenn sie mitteilte, mit dieser Geschichte nichts zu tun zu haben. Carafa hatte sich gleich an den Dominus Praeses in Luxemburg gewandt, Johannes Beninck, und ebenso an einen Freund in jener Stadt. Den Statthalter hatte er gebeten, den zwei Jesuitinnen keine Niederlassung zu gewähren, da

ihr Institut vom Papst aufgelöst sei. Daraufhin habe man die zwei Frauen veranlasst, ihre Jesuitinnentracht abzulegen und innerhalb von 24 Stunden die Stadt zu verlassen.
Carafa erhielt Beninck's Antwort vom 21. Juni. Der Luxemburger Praeses hatte die Angelegenheit dem Königlichen Großrat mitgeteilt und den Prokurator veranlasst, von den Frauen Gehorsam gegen die päpstliche Anordnung zu verlangen und auch, statt der Jesuitinnentracht ein weltliches Kleid zu tragen; das sei geschehen; daher brauche man den Erzbischof von Trier nicht mehr um sein Eingreifen zu bitten.
Am 1. Juli wurde aber dem Nuntius mitgeteilt, die Jesuitinnen hätten um Aufschub gebeten und anderes eingefädelt; darum habe der Stadtrat verlangt, dass die beiden innerhalb von 24 Stunden die Stadt zu verlassen hätten.[9)] Den Abzug der Frauen aus Luxemburg meldete der Nuntius am 11. Juli dem Kardinal und fügte hinzu, dass die Generaloberin, über die Angelegenheit befragt, erklärt habe, nichts davon gewusst zu haben; sie habe die beiden Frauen aufgefordert, von ihrem Unternehmen abzulassen, da ihr Institut aufgehoben und ihre Gelübde gelöst seien. Die Angelegenheit fand ihren Abschluss in der Sitzung am 21. August, als die Nachrichten vom Verbot einer Gründung in Luxemburg verlesen waren.[10)]
Daheim im Paradeiserhaus lebte Elizabeth Cotton in dauernder Sorge um Marias Gesundheit. Am 15. Mai ging ein Brief an ihre Gefährtin in Rom. Sie schrieb darin von der übel wollenden Gesinnung der Jesuiten gegen das Institut und im Postskriptum trat ihr Misstrauen gegen den Kölner Nuntius und gegen Dekan Golla wieder hervor; dem letzteren legte sie die Verbreitung unrichtiger Mitteilungen über Maria Ward zur Last; so habe sich Maria geweigert, mit einem Kommissar nach Rom zu reisen.[11)]
Auch im folgenden Brief an Keyes vom 25. Mai brachte die Sekretärin wieder ihre Empörung vor. Sie habe zwar beruhigende Meldungen von Keyes über „Erleichterungen" erfahren; aber Maria Ward seien

solche nicht zuteil geworden. Das Wort „Erleichterungen" bezog sich wohl auf das Dekret vom 8. Mai und den Brief des Kardinals vom 10. Mai. Doch Maria Ward war zu dieser Zeit ja schon zu Hause. Cotton schrieb weiter, dass Golla der kranken Frau eine Badekur in Eger/ Böhmen versage, wäre dies doch nach dem Rat der Ärzte das einzige Heilmittel für sie. Bei der Reise von München nach Eger handle es sich doch nur um „wenige Meilen", wie Cotton schrieb. Dem Dekan maß sie wieder die Schuld zu, dass Marias Leben in Gefahr sei.[12)]
Mit gleicher Ungeduld beklagte sich die Sekretärin am 5. Juni wie in dem früheren Schreiben. Immer sei noch kein günstiges Schreiben eingetroffen; sie vermutete Quertreibereien von Übelgesinnten und meldete auch Stimmen von römischen Gegnern, die Maria Ward die Verbrennung auf dem Campo dei Fiori prophezeiten; übrigens glaube sie, man halte Maria unter vorgetäuschter Rücksicht auf ihren kranken Zustand von der Romreise ab, während man bei der Gefangenschaft ihr Leben aufs Spiel gesetzt habe.[13)]
Am gleichen Tag, dem 5. Juni, teilte der Dekan dem Kardinal mit, er habe anfangs Mai Maria Ward nicht nach Rom reisen lassen, da sie keinen Kommissar annehmen wolle und er auf seine Bitte vom 17. April keine Antwort erhalten habe; die Inquisition möge auf diese Begleitung verzichten; gegenwärtig habe die Generaloberin wegen der großen Hitze nicht den Mut, die lange Reise zu unternehmen. Wieder bat Golla um Weisung.[14)] Endlich am 8. Juni erhielt er den Brief der Inquisition vom 10. Mai. Am folgenden Tag sandte er einen Teil des Schreibens in Abschrift an Maria ins Paradeiserhaus. Darin stand die Anordnung für das Toties-quoties-Versprechen und für das Ablegen des Jesuitinnenkleides. Im Begleitbrief schrieb Golla wörtlich an Maria: „Im Gehorsam gegen die heiligen Anordnungen werden Sie frei werden von ziemlich vielen Plagen."[15)]
Sie antwortete am gleichen Tag, sie habe von ihm ein halbes Blatt mit der Unterschrift von Kardinal St. Onofrio erhalten. Von Dank fiel kein Wort. Die Redereien im eigenen Kreis, die verheißenden Schreiben

von Keyes aus Rom, die Aufregungen der Cotton hatten das Vertrauen in Maria zu dem Dekan gestört. Die Frauen ahnten nicht, dass er immer wieder in seinen Schreiben nach Rom für Maria eintrat. Ihre Antwort an Golla in deutscher Übersetzung: „Über die Gewissheit, dass Maria della Guardia sich in Rom auf jeden Befehl der heiligen Kongregation des Heiligen Offiziums stellen wird, versichere ich Ihnen mit dem Wort einer vornehmen Frau, dass sie es jedes Mal tun werde, wenn es ihr von der heiligen Kongregation so befohlen wird. Was mein Tragen eines weltlichen Kleides betrifft, so trage ich kein anderes und verstehe nicht den diesbezüglichen Irrtum. Wenn ich das Original mit dem Befehl der heiligen Kongregation sehen werde, werde ich mich dennoch mit meiner ganzen Fähigkeit anstrengen, dem Befehl vollkommen nachzukommen in Wort und Tat. Für jetzt erbitte ich Ihnen vom Herrn alles wahrhaft Gute." [16] Wir sehen, der Kontakt war tief gestört. Maria glaubte nicht einmal der Abschrift des Dekans aus dem römischen Schreiben. Sie tat ihm Unrecht. Vom Klang ihrer Worte, wie er von anderen Schriften vertraut ist, ist nichts zu spüren. Der Einfluss ihrer Gemeinschaft wie die ganze Lage hatten eine tiefe Verstimmung in ihr ausgelöst.

Nach der Erfahrung vom 9. Juni schrieb Golla am 11. seinen Bericht an den Kardinal. Nach Erhalt der Schreiben vom 3. und 10. Mai habe er die Auflagen der Kongregation Maria Ward mitgeteilt: Leistung der Bürgschaft und Verpflichtung auf das Toties-quoties-Versprechen wie die Ablegung des Jesuitinnenkleides. Sie habe sich gehorsam gezeigt. In dem Schreiben steht kein Wort des Tadels. Golla empfahl die baldige Sendung der Aufhebungsbulle, um auch die anderen Jesuitinnen vom Willen des Papstes zu überzeugen. Er fragte im Brief auch an, ob Maria Ward die Badereise nach Eger in Böhmen zu erlauben sei und ob sie außerhalb von München und von Bayern reisen dürfe. Er bat um Antwort, da die Frauen ihn bedrängten. [17]

Am gleichen 11. Juni schrieb Maria Ward an die Kardinäle der Inquisition und meldete, hinsichtlich der Kleidung sei sie dem römischen Befehl nachgekommen; auch versprach sie den Gehorsam ihrer Münchner Gefährtinnen, wenn die angesagte Aufhebung ihres Hauses in der kommenden Woche stattfinde. Weiter beklagte sie sich über falsche Meldungen, die über sie nach Rom gegangen seien, und suchte drei derselben zu klären:

1. Die erste Richtigstellung betraf die Romreise, die man zur Stimmungsmache gegen sie benützt habe. Sie erinnerte die Eminenzen, sie wüssten aus Erfahrung um ihre volle Bereitschaft; durch kein Hindernis würde sie sich auch nur eine Viertelstunde von der Reise zurückhalten lassen.
2. Die zweite bezog sich auf die Zurückweisung des Versuchs der zwei Kölner Jesuitinnen, in Luxemburg ein Institut zu gründen. Mit aller Bestimmtheit beteuerte Maria, damit nichts zu tun gehabt zu haben.
3. Die dritte Klärung von Gerüchten betraf ihre Korrespondenz. Man kann sich wundern, wenn sie in dem Schreiben sagt, sie habe in den fünf Monaten, also von der Einkerkerung an, nur etwa vier Briefe geschrieben. Damit bleibt die geheime Korrespondenz zur Zeit ihrer Gefangenschaft mit den Gefährtinnen im Paradeiserhaus ausgeklammert; der private Verkehr mit ihren Vertrauten erschien ihr wohl nicht als Übertretung der ihr auferlegten Vorschrift. Für die angegebene Zeit lassen sich vier Briefe nachweisen: das kleine Schreiben vom 10. Februar auf Gollas Rat hin, die Supplik an den Papst vom 10. April, der Brief an Golla vom 9. Juni und nun das Schreiben an die Kardinäle.

Schließlich bat sie um Abschluss des Prozesses, die Wiederherstellung ihrer Ehre und die Erlaubnis, nach Rom kommen zu dürfen, wo sie bereit sein werde, jene Strafe zu erdulden, die gut informierte und gewissenhafte Richter ihr aufzuerlegen für gut fänden.[18)]

Marias Schreiben hatte die Kardinäle noch nicht erreicht, als die fünf römischen Gefährtinnen am 18. Juni sich dem päpstlichen Befehl unterwarfen, weil es der Wille des Papstes sei.

Die Mitteilungen des Dekans vom 11. Juni lagen der Sitzung in Rom am 3. Juli vor. Der Papst verbot die Reise Maria Wards nach Eger und ordnete an, Golla möge ihr die italienischen Bäder empfehlen, die besser und gesünder seien. Auch dürfe Golla der Gefangenen keine Abschriften von römischen Briefen mehr aushändigen, was er zweimal getan habe, am 22. März und am 9. Juni; dies verletze die Geheimhaltung, die zum Heiligen Offizium gehöre.[19)]

Es kam im Juni auch ein freudiger Tag ins Paradeiserhaus, als Barbara Babthorpe von Pressburg nach München zurückkehrte. Maria Ward hatte sie 1621, bevor sie den Norden verließ, als erste Provinzialoberin des Instituts für die nördlichen Häuser eingesetzt; dort war Barbara geblieben, bis sie 1628 von Lüttich nach Pressburg gesandt wurde. Drei Jahre hatte sie das ungarische Haus geleitet. Nach ihrer Ankunft in München schrieb Barbara einen interessanten Brief an Elizabeth Keyes in Rom. Wie sie die Lage in München sah, davon kam nichts aufs Papier. Keyes übergab den Brief dem Kardinal Scaglia, zu dem die Schwestern offenbar Vertrauen hatten. Dass die Gefährtinnen solche Schreiben der Inquisition übergaben, kann zunächst Staunen oder auch Zweifel erwecken; man kann sich auch fragen, ob die Briefe vollständig aus dem Englischen ins Italienische übersetzt worden sind.

Barbara hatte sich in Pressburg sehr allein gefühlt, weil keine Nachrichten von den Münchner Ereignissen zu ihr kamen. Sie schrieb, von der Gefangenschaft Maria Wards habe sie das erste Mal von ungarischen Adeligen gehört, die sich auf verlässige Personen beriefen; diese Nachricht habe sie ins Herz getroffen. Nach dreimonatiger Erkundigung habe sie endlich von Wien erfahren, die Nachricht stimme; darum sei sie nach München gekommen. Dann folgen Beschwerden über die Jesuiten; sie nannte die Patres von Lüttich und München, die über Papst, Kardinäle und Prälaten jubelten, da sie sich für die totale Aufhebung des Instituts eingesetzt hätten; Barbara hoffe, sie könnten einmal gemeinsam die Briefe lesen, die da geschrieben worden seien; die Patres z. B. seien auch froh, dass sich ihre Mutter nicht mehr Generalin nennen dürfe; überhaupt werde keiner Frau mehr dieser Titel erlaubt werden. Dann folgen weitere Nachrichten: alle hätten ein anderes Kleid anlegen müssen und würden schmachvoll behandelt; das Institut sei durch eine Bulle verurteilt und verboten; das hätten sie – offenbar die Jesuiten – schon ein Jahr zuvor vorausgesagt. Nun heiße es, viele Gefährtinnen würden eingesperrt; die Leute auf der Straße fragten, was diese Frauen überhaupt angestellt hätten.

Dann kam Barbara noch auf Wien zu sprechen. Sie hätte so sehr gewünscht, dass Maria die Kaiserin getroffen hätte, als diese die Nachricht von der Gefangenschaft erfahren habe; das habe diese sehr übel aufgenommen; über deren Worte und Gesten wolle sie, Barbara, bei der nächsten Zusammenkunft sprechen. Bedeutende Personen in Österreich verurteilten das Vorgehen gegen ihre Generaloberin; in München dagegen bleibe alles still, obwohl hier die Haft durchgeführt worden sei. In Lüttich heiße es, der Nuntius habe wegen der Behandlung der Winefrid sein Ansehen verloren, das er nicht mehr gewinnen könne. Barbara schloss mit ihren Grüßen.[20)]

Am 22. Juli übergab Keyes das Schreiben an Kardinal Scaglia mit einer persönlichen Erklärung; sie habe wenige Tage zuvor den Bericht der Barbara, dem „dritten Mitglied unserer Gesellschaft“ erhalten.[21)] Doch war Barbara nicht die dritte Gefährtin Maria Wards, wenn sie ihr auch von den jungen Tagen her sehr nahe stand. Sie schloss sich Maria erst nach der allerersten Gruppe an.

Am 26. Juni schrieben die römischen Gefährtinnen an Urban VIII. Sie bezogen sich auf ihre Unterwerfung vom 18. Juni, also auf ihre Unterwerfung unter den Willen des Papstes und auf den Verzicht auf ihre Zugehörigkeit zu dem Institut. Sie baten, weiterhin gemeinsam wohnen zu dürfen, was in der Bulle unter schwerer Strafe verboten sei. Sie begründeten ihr Gesuch mit der geringen Zahl der Gefährtinnen in Rom, mit ihrer Armut und ihrem Leben in einem fremden Land.

Am gleichen Tag kam der Antrag in die Sitzung: der Papst verlangte, dass die Vorschriften der Bulle einzuhalten seien.[22]
In derselben Sitzung wurde auch Carafas Brief vom 30. Mai behandelt. Der Nuntius hatte vorgeschlagen, Maria Ward sei nach ihrer Ankunft in Rom einzusperren, bis die Bulle veröffentlicht sei, um keine neuen Schösslinge dieses Instituts aufkommen zu lassen. Darauf ging der Papst nicht ein, sondern sagte einfach: es sei Vorsorge getroffen.[23]
Der verantwortliche Dekan stand aufs neue vor der Schwierigkeit, die erforderte Bürgschaft zu finden. Darüber schrieb er am 2. Juli dem Kardinal. Der englische Priester Canonicus Henry Ansloe habe seine Bürgschaft zurückgezogen, da sich die Verpflichtung gemäß der Methoden des Glaubenstribunals bis zum Ende des Lebens hinziehen könnte. Der Stellungsbefehl Toties-quoties hatte ihn wahrscheinlich in diesem Gedanken bestätigt. Golla habe darüber mit Maria Ward gesprochen und sie bereit gefunden, eine neue Bürgschaft zu suchen, um der Kongregation gehorsam zu sein. Er berichtete weiter, er selbst sehe der Verkündigung der Bulle in München mit Bangen entgegen, wenn die Generaloberin noch anwesend sei; er riet, sie für September nach Rom zu berufen; dann werde man in Deutschland die Bulle leichter veröffentlichen und durchführen können. Der Wille des Papstes sei ja auch den anderen Jesuitinnen kundzutun. Schließlich wusste er noch von den Streitigkeiten zwischen den englischen und deutschen Jesuitinnen zu berichten; die englischen Oberinnen hätten nämlich die Mitgift der deutschen Mitglieder aufgebraucht; darüber würden sich auch die Familien der betreffenden Schwestern beschweren; es seien große Klagen gegen die betroffenen englischen Oberinnen aufgekommen.[24] In welch peinlicher Lage muss sich Maria Ward auch bei dieser Gelegenheit befunden haben!
Ende Juli erreichte Gollas Schreiben die Ewige Stadt. In der Sitzung vom 31. Juli ordnete der Papst nach Verlesung des Briefes an, Maria Ward habe im Herbst nach Rom zu kommen, da ihr angebliches

Institut in München leichter aufgehoben werde, wenn sie abwesend sei. Die gleiche Nachricht sei auch dem Kölner Nuntius mitzuteilen. Wegen des Verlustes der Mitgift der deutschen Frauen möge sich der Kölner Nuntius an die Ortsbischöfe wenden, in deren Diözesen Häuser und liegende Güter der Frauen vorhanden seien; solche seien zu verkaufen oder zu versteigern, damit den Betroffenen eine ihrer Mitgift entsprechende Vergütung zukomme; doch hätten die Nuntien selbst diese Verordnung nicht durchzuführen; dies sei Aufgabe der Bischöfe; die Nuntien hätten die Vorgänge nur zu überwachen.[25)]

Am 7. August wandte sich Maria Ward wieder an die Kardinäle der Inquisition; sie schrieb, man habe ihr die Anordnungen des Heiligen Offiziums vom 3. Juli mitgeteilt; sie beschwerte sich in drei Punkten über die Behandlung, die sie erfahre:

1. Die Internierung in München. Dr. Golla habe ihr am 6. August gesagt, er dürfe ihr keinen Schritt Entfernung von München erlauben.
2. Das Verbot für einen Badeaufenthalt. An einer solchen Kur hänge ihr Leben.
3. Die Zurechtweisung des Dekans, weil er ihr zweimal Einsicht in Schreiben des heiligen Offiziums gewährt habe. Sie hoffe, Golla habe sich im Verständnis dieser Dinge sehr geirrt. Mit der ihr eigenen Bestimmtheit sprach sie aus, was ihr am Vorgehen der Inquisition unverständlich, ja unfassbar erschien: nämlich der Entehrung ausgesetzt zu sein, wenn die Ursache der Entehrung verborgen gehalten werde, wenn es dunkel bleibe, wie die Befehle zustande gekommen seien.

Dies habe sie sagen müssen in ihrer eigenen Angelegenheit wie auch wegen der Ergebenheit, die sie den Eminenzen schulde.[26)] Auch auf diese Klagen hin kam keine Befragung zustande.

Eine Woche später, am 14. August berichtete Golla dem Kardinal, er habe vom Kölner Nuntius die Aufhebungsbulle erhalten, die er nach Übersetzung ins Deutsche in der kommenden Woche veröffentlichen werde. Noch habe die Generaloberin niemand für eine neue

Bürgschaft gefunden. Damit sich die Aufhebung in Ruhe vollziehen lasse, wünschte Golla noch einmal die baldige Abberufung der Generaloberin nach Italien, die allerdings für die dortigen Bäder wenig Neigung erkennen lasse. Schließlich entschuldigte sich Golla wegen der beiden Brieffragmente, die er ihr als Kopien übergeben habe; doch sonst hätte sie sich nicht zufrieden gegeben.[27)]

Endlich erhielt Maria einen Bürgen. Am 4. September 1631 verpflichtete sich ihr römischer Arzt Dr. Alphonso Ferri mit der Bürgschaft von 500 scudi für die Ankunft der Engländerin Maria della Guardia in Rom innerhalb von fünf Monaten.[28)] Der Notariatsakt erfolgte in der Kanzlei des Heiligen Offiziums. Am gleichen Tag ging auch der Brief des Dekans vom 14. August in die Sitzung; darin hieß es noch, die Generaloberin habe keine Bürgschaft.[29)] Der Papst ließ dem Dekan schreiben, die Bürgschaft sei in Rom gegeben worden.

Maria kannte seit ihren ersten römischen Jahren den Arzt Dr. Ferri. Nach der englischen Vita erfuhr dieser eine Hilfe für seine Gesundheit durch Marias Gebet in der Karmeliterkirche in Sta Maria della Scala. Von der Gebetserhörung berichtet ohne Zeitangabe die englische Vita:

„In Rom hatte Dr. A. Ferri ein heftiges Fieber und andere Übel dazu, die ihn drei Nächte nacheinender am Schlaf hinderten. Unsere Mutter besuchte ihn; da sie ihn in diesem Zustand traf, ging sie nach der Verabschiedung in die Kirche mit dem Namen Madonna della Scala, wo das 40-stündige Gebet stattfand. Mit großem Nachdruck bat sie um die Gesundheit dieses Mannes, und um die heilige Jungfrau zu gewinnen, ihr die Bitte zu gewähren, fügte sie bei: Gib ihm meinen Schlaf; ich werde gerne darauf verzichten. Nach einem Gebet von zwei Stunden ging sie nach Hause. Wir fragten, ob sie Hoffnung auf Ferri's Heilung habe, und sie antwortete mit Ja. Sie hatte nämlich etliche inständige Bitten vorgebracht, von denen man sich eine Wirkung versprach; denn eine Stunde, nachdem Maria den Arzt verlassen habe, habe dieser drei oder vier Stunden geschlafen. Während

seines Schlafes sei ihm vorgekommen, als sehe er unsere Mutter auf den Knien vor Unserer Lieben Frau vom Rosenkranz, deren Fest an diesem Tag gefeiert wurde, die um seine Gesundheit bat, besonders dass er schlafen könne, und die anbot, ihm ihren Schlaf zu geben, worauf er ausrief: O Signora, welche Liebe! Er sprach diese Worte ganz deutlich. Seine Frau und die im Zimmer waren, hörten sie und glaubten, er sei wach geworden; aber sie fanden ihn noch im Schlaf. Als er aufwachte, begann er ganz fröhlich zu sprechen: ich bin geheilt, ich habe kein Kopfweh, kein Fieber mehr, wie man es in der Tat so fand."[30)]

Als der Dekan am 23. September an den Nuntius Carafa schrieb, war die Nachricht von der Bürgschaft durch Dr. Ferri noch nicht in München eingetroffen. Maria Ward habe ihm sagen lassen, sie wolle den neuen päpstlichen Befehl vom 3. September abwarten. Es sei ein Beschluss gefasst worden, den man abwarten müsse. Golla habe sie nicht unter Druck setzen wollen, sondern teile dem Nuntius die Lage mit. Außerdem schrieb Golla, am 18. August habe er den Jesuitinnen in München die Bulle bekannt gemacht, die bis jetzt nichts dagegen unternommen hätten.[31)] Maria Ward war ja noch da. Und wo sie war, gingen doch meist die Dinge gut aus.
Am 17. Oktober schrieb Carafa an St. Onofrio, er habe dem Dekan die römische Anordnung mitgeteilt, Maria bald nach Rom zu senden. Der Dekan habe ihm geantwortet, dass Maria Ward ihre Reise angetreten habe oder in diesen Tagen antreten werde.[32)] Bald nach dem 17. Oktober habe Keyes erfahren, dass Maria Ward sich auf den Weg mache oder schon unterwegs sei. Verständlicherweise berichtete sie am 29. Oktober dem Heiligen Offizium, Maria Ward werde den Weihnachtstermin nicht einhalten können und bat den Kommissar um Aufschub und um Mitteilung an ihre Adresse. Am gleichen Tag gab die Sitzung der Kardinäle ihre Antwort; die Zusammenkunft ohne den Papst im Konvent St. Maria super Minervam setzte den Termin

für Marias Ankunft in Rom auf den 31. März 1632 fest; gleichzeitig wurde angeordnet, dass die Bürgschaft mit Dr. Ferri mit diesem Datum in Einklang zu bringen sei. Die Erneuerung des Notariatsaktes in der Kanzlei des Heiligen Offiziums fand am 4. November für die Frist bis zum 31. März 1632 statt.[33)]

Auch die Romreise wurde zu einem Abenteuer. Maria konnte – wohl das Verdienst von Golla – ohne Kommissar reisen. Darüber gibt es weder Bericht noch Dekret. Sie hatte zu ihrer Begleitung, so weit wir wissen, Elizabeth Cotton und Anna Turner. Maria hoffte wohl, dass sich das römische Klima an der Kurie für sie gebessert habe durch die Berichte des Dekans und die Beweise ihres Gehorsams. Für die nächste Zeit liegen wenige Nachrichten aus München vor. Gollas vorläufig letzte Briefe stammten vom 23. September und 17. Oktober. Ob Postsendungen verloren gingen oder nicht in den Band des Heiligen Offiziums gelangten, bleibt ungelöst. Erst am 11. Dezember 1631, nach fast sieben Wochen, sandte Golla nochmals eine Nachricht nach Rom. Er berichtete dem Kardinal, Maria Ward habe am 24. Oktober ihre Reise angetreten; er befürchte, sie werde „wegen der großen Hindernisse" die Ewige Stadt bis Weihnachten kaum erreichen können, und fügte hinzu, er sei nicht verantwortlich für ein verspätetes Eintreffen in Rom.[34)]
Längst bevor Gollas Brief nach Rom kam, hatte sich Maria Ward schon selbst gemeldet. Am 26. November 1631 erbat sie von Bologna aus, bei Kardinal St. Onofrio einen Pass für die Weiterreise.[35)]
Es war die Zeit der Pest in Italien. Einzelne Staaten hatten ihre Grenzen geschlossen; auch der Kirchenstaat mit Bologna war gesperrt. Urban VIII. hatte strenge Vorschriften erlassen, um die Ausbreitung der Seuche im Kirchenstaat zu verhindern. Der an der Kurie verantwortliche Prälat der Gesundheitskongregation, Gaspare Mattei, hatte außerordentliche Vollmachten und versperrte streng die Zugänge zum Kirchenstaat. Ein eigenmächtiges Überschreiten der Grenze

konnte mit dem Tod bestraft werden. Die Postwagen wurden erst nach Beräucherungsverfahren weitergeleitet. Maria Wards Brief traf am 15. Dezember in Rom ein. Sie schrieb auch an Monsignore Mattei und wartete auf eine Antwort. Ihre nüchternen Schreiben enthalten keine Beschwerde. Aber was mag es für die Ausländerinnen, Maria Ward und ihre Begleiterinnen, bedeutet haben, auf einen Termin festgelegt zu sein und nun im Ungewissen auf die Erlaubnis zur Weiterreise zu warten!
Am 13. Dezember 1631 sprach der Jesuitengeneral dem Vizerektor des Kollegs von Bologna seine Anerkennung für die Dienste aus, die er zusammen mit den Inquisitoren von Bologna den Engländerinnen in dieser Stadt erwiesen habe; er begrüßte auch die weitere Unterstützung bis zur Weiterreise der Frauen.[36)] Dem Brief von P. Vitelleschi ist also zu entnehmen, dass sich Maria Ward in Bologna den Inquisitoren stellen musste; das mag bei der Durchreise durch andere Städte ebenfalls notwendig gewesen sein.
Drei Wochen nach dem ersten Schreiben an den Kardinal saß Maria immer noch in Bologna. Am 17. Dezember ging der zweite Brief nach Rom; hier heißt es, sie habe am 5. Oktober noch in München die Nachricht erhalten, der Termin für ihr Eintreffen in Rom sei für Weihnachten festgelegt; doch werde sie nicht rechtzeitig eintreffen können.[37)] Am Tag nach der Absendung des zweiten Schreibens aus Bologna, am 18. Dezember, beauftragte Urban VIII., ihren ersten Brief beantwortend, die Sanitätskongregation mit der Ausstellung eines Passes. Es entzieht sich unserer Kenntnis, wann der Gesundheitspass in Bologna eintraf, ob ihr eine bestimmte Reiseroute vorgeschrieben wurde, welche körperlichen und seelischen Bedrängnisse sie bedrückten; auch wissen wir nicht, wann die Nachricht über das Eintreffen in Rom für Ende März an sie über Keyes von Rom oder über Poyntz von München her sie erreichte. Was für eine Weihnacht mag Maria in Bologna erlebt haben? Wie so oft in ihrem Leben fand sie auch bei solch ungewissen Wartezeiten in letzten Momenten immer noch die

ersehnte Hilfe. Einen Bericht über die weitere Reise gibt es nicht. Die Briefe, die hin- und hergingen, wurden nicht aufbewahrt oder gingen zugrunde. Jedenfalls traf Maria kurz vor dem 4. März 1632 in Rom ein, nachdem sie Ende Januar oder anfangs Februar Bologna verlassen hatte. Am gleichen 4. März meldete sie auch bei den Kardinälen ihre Ankunft und versprach, deren Weisungen immer zu folgen.

Ihre Worte an den Papst lauten wörtlich: „Entsprechend dem Befehl der Kardinäle des Heiligen Offiziums bin ich in Rom eingetroffen und nun, hingestreckt zu den Füßen Eurer Heiligkeit, biete ich demütig und bereit meine geringe Person und mein kurzes Leben an, um alles zu erfüllen, was Eurer Heiligkeit mehr gefällt." Marias Schreiben wurden in der Sitzung verlesen. Der Papst ordnete an, Maria Ward freundlich aufzunehmen, ihr aber auch geschickt zu verstehen zu geben, dass sie ohne Erlaubnis der Inquisition Rom nicht verlassen dürfe.[38)] Auch jetzt hatte sie die erwünschte normale Freiheit noch nicht erlangt. Das Eingebundensein in Rom mag sie aufs neue sehr empfunden haben.

Wahrscheinlich hörte sie von der Sitzung der Kardinäle, die am 17. Februar ohne den Papst stattgefunden hatte. Dort berichtete der Kommissar des Heiligen Offiziums, Magister Fra Hippolytus Maria Lancius O. P., er habe im Auftrag des Papstes dem Jesuitengeneral den Befehl mitgeteilt, den Patres der Gesellschaft die Entgegennahme von einfachen Gelübden der Jesuitinnen zu verbieten und die bei ihnen bereits abgelegten zu annullieren.[39)]

Für die ersten Monate des dritten Romaufenthalts liegen wenige Nachrichten vor; doch verdienen zwei Marksteine auf diesem Stück Lebensweg die Aufmerksamkeit: die Audienz bei Urban VIII. und der Freispruch von Glaubensirrtümern durch das Heilige Offizium. Vielleicht dachte Maria, es werde nun ein Verhör stattfinden, ein Richterspruch werde ihre Rechtgläubigkeit bestätigen und ihr die volle Freiheit geben: dergleichen geschah nichts, aber der Papst empfing sie in Audienz.

Davon sprechen nur die beiden Biographien. Man stelle sich die arme Frau vor, die vor den Papst hintrat und niederkniete. Sie soll die Worte gesprochen haben: „Heiliger Vater, ich bin keine Häretikerin und bin nie eine gewesen"; nach der italienischen Vita: „Heiliger Vater, durch Gottes Gnade bin ich keine Häretikerin und bin es nie gewesen." Welchen Eindruck wird Maria Ward auf Urban VIII. gemacht haben? Die Demut dieser Frau mag sein Herz berührt haben. Der italienischen Vita ist wohl der Vorzug zu geben, da Elizabeth Cotton sicher an der Abfassung dieses Manuskriptes beteiligt, wenn nicht die Autorin war. Sie dürfte Maria auch zur Audienz begleitet haben; man ging nie allein zu einem so hohen Empfang. Die italienische Vita hat auch deswegen einen besonderen Anspruch auf Glaubwürdigkeit, weil das kleine Werk in Rom abgefasst und Freunden in Rom gegeben wurde, die möglicherweise mit den Ereignissen näher vertraut waren. Die Antwort des Papstes, der Maria nicht weitersprechen lassen wollte, liegt in drei Fassungen vor. Die dritte Wiedergabe stammt aus dem „Breve Racconto della Vita di Donna Maria della Guardia", den der Kaplan und Prior der Cappella Borghese in Santa Maria Maggiore, Vincenzo Pacetti, im Jahr 1662 geschrieben hatte.

Die Worte des Papstes lauten in der englischen Vita: „Wir glauben es, wir glauben es, wir brauchen keinen anderen Beweis, wir und die Kardinäle sind nicht nur sehr befriedigt, sondern auch sehr erbaut über Ihre Haltung Sie dürfen es nicht übel nehmen, dass Sie so geprüft wurden, wie es Ihnen geschehen ist; denn andere Päpste sind ebenso vorgegangen mit anderen Dienern und Dienerinnen Gottes."

Die italienische Vita führt aus: „Wir glauben es, wir glauben es; wir und die Kardinäle sind nicht nur befriedigt, sondern auch erbaut über Ihren Gehorsam. Wir wissen, dass Sie in heiliger Weise (santamente) ihr Institut führten, bis wir es anders wollten; und es hat uns erbaut, als Sie dann bereitwillig Gehorsam leisteten.

Er sagte auch, dass ihr die Prüfung nicht als große Sache erscheinen dürfe; so seien auch andere Päpste mit den Dienern Gottes vorgegangen."[40]

Bei Pacetti 30 Jahre später ist über die Audienz zu lesen: „Wir glauben es, wir glauben es. Wir und alle Kardinäle sind über Ihre Person, Ihre Lebensführung und Ihr beispielhaftes Verhalten gut informiert und bringen Ihnen Zuneigung entgegen; wir wissen, dass Sie Ihr Institut gut geleitet haben. Dennoch haben wir erlaubt, dass Ihre Tugend auf die Probe gestellt wurde, wie die Päpste, unsere Vorgänger, in ähnlichen Fällen es getan haben, welche das Ausharren der Diener Gottes prüften".[41]

Urban VIII. war ein barocker Herrscher. Es gab Ereignisse in seinem Pontifikat, bei denen seine emotionale Wesensart hervortrat. Man denke an die Enttäuschungen, die Galilei an seinem früheren Freund erlebte. Die gelegentlich wandelbare, Einflüssen des Augenblicks unterworfene Mentalität des Barberini-Papstes mag der Engländerin immer fremd geblieben sein. Doch spürte sie bei den Begegnungen mit ihm auch wohltätige Freundlichkeiten; in diesen glaubte sie wohl seine Gesinnung ihr gegenüber zu erkennen. Das andere Gesicht, die ferne Strenge, konnte sie sich mit den guten Erfahrungen kaum zusammenreimen. Es lässt sich verstehen, dass sie von ihrer Geistesart her mit allem, was sie in den vergangenen Jahren erlebt hatte, doch mit Hoffnung auf die neue Begegnung mit dem Heiligen Vater gewartet hatte. Wie auch in früheren Lagen ihres Lebens öffneten sich Türen, wo sie persönlich erschien. Die Schließung der italienischen Häuser im Jahre 1625 und der Prager Misserfolg gehörten eigentlich zu den Ausnahmen. Im allgemeinen ist zu sagen: es ging mit ihrem Institut dort voran, wo sie selbst erschien und blieb. Ihr Institut hing in einzigartiger Weise an ihrer Person. Dies gilt bis in die Zeit der Aufhebungen, noch deutlicher gesagt, bis zum Bekanntwerden ihres

Briefes vom 6. April 1630. Aber auch nach Erlass der Bulle gelang ihr noch mancher Gang über Türschwellen, die geschlossen schienen. Bei allen Unsicherheiten und Unzulänglichkeiten erreichte Maria in den ersten römischen Wochen mehr, als Nuntius Carafa und Dekan Golla erwarten konnten. Wahrscheinlich handelte es sich bei der Audienz nur um eine vorübergehende Gnade. Der Papst konnte ja nicht auch nur einen Satz aus seiner Bulle streichen. Vom Standpunkt seiner Zeit und des bestehenden Kirchenrechts her war es verständlich, dass Urban VIII. das Institut nicht weiter bestehen ließ. Die Kirche erkannte erst viel später und sehr langsam nach den harten Schlägen der Französischen Revolution, dass die Frau für die Erziehungsaufgaben und auch für die Glaubenshilfe notwendige Dienste zu leisten habe. In dieser Engländerin hatte Urban VIII. eine Frau vor sich, der er seinen Respekt letztlich nicht versagen konnte, wenn er auch in manchen Sitzungen nach den von ihr vorgebrachten Wünschen wieder in die herkömmlichen „Amtsschuhe zurückschlüpfte". Es fehlte eben die Türöffnung auf eine neue Zeit hin, die damals auch schon nötig gewesen wäre.
Nach der Audienz folgte die zweite Wohltat für Maria Ward und ihre Gefährtinnen, die dann wieder eine Mäßigung erfuhr. Am 1. April 1632 berichtete der englische Klerusagent in Rom, Peter Fitton, Maria Ward sei in der Ewigen Stadt zu ihrer Ehrenrettung tätig. Das bestätigte auch das Dekret vom 26. Mai 1632. Ihre Angelegenheit kam vor die Kardinäle, die sich im Dominikanerkonvent bei Santa Maria supra Minervam versammelt hatten. Die Eminenzen ließen den Nuntien von Köln und Flandern mitteilen, dass Maria Ward mit ihren Gefährtinnen den Vorschriften des Papstes Gehorsam geleistet habe, dass sie keines Glaubensdeliktes für schuldig befunden worden seien. Dies sollten die Nuntien auch den Fürsten mitteilen und bei ihnen weitere Unterstützung für die Frauen erbitten, die in Armut lebten.[42] Am 29. Mai ging der Brief des Kardinals St. Onofrio mit den Nachrichten an die Nuntien in Köln und Brüssel: Maria Ward und ihre

Gefährtinnen frei von jedem Verdacht einer Glaubensverfehlung! Am 23. Juni 1632 bestätigte Nuntius Carafa den Empfang des römischen Schreibens und äußerte seine Freude über die Anerkennung des Gehorsams von Maria Ward und ihren Gefährtinnen und versprach, sich bei entsprechenden Gelegenheiten der Nachrichten zugunsten der Frauen zu bedienen und für die Rückgabe ihrer Güter einzutreten. In ähnlicher Weise antwortete auch der Nuntius von Brüssel Fabio de Lagonissa am 29. Juni.[43)]

Nun lagen aber die Schreiben beider Nuntien am 29. Juli vor der Inquisition, es waren die Originale; was war in der Sitzung dieses Tages geschehen? Der Papst hatte sie zurückgefordert, eine neue letterea riformata ließ er den Nuntien übersenden. Dieses Schreiben kam nicht in den großen Dokumentenband. Leider ist auch das Dekret vom 29. Juli nur als Fragment erhalten, in dem die Vorlage der zurückgesandten Schreiben vom Juni vermerkt ist. Alles übrige, außer: licentiam, ist unleserlich.[44)] Die lettera riformata gehört also noch zu den ungelösten Rätseln. Der Vorgang zeigt, dass trotz der besseren Stimmung für Maria Ward nicht alle Schwierigkeiten aus dem Weg geräumt waren. Wie bisher zeigte sich aber auch bei anderen Gelegenheiten in den folgenden Jahren, dass die Kardinäle mehr Verständnis, mehr Wohlwollen für Maria Ward und ihre Anliegen aufbrachten als Seine Heiligkeit. Wahrscheinlich fühlte sich Urban VIII. sehr stark an seine Bulle gebunden und an die Leute, welche kräftig hinter der Bulle standen und die wohl immer noch Sorge hatten, die Gründung könnte wieder aufleben.

Der Brief mit der guten Nachricht vom 29. Mai 1632 kam auch in die Hände der Gefährtinnen. Eine zeitgenössische Abschrift ohne Anrede, Datum, Unterschrift befand sich im Münchner Institutsarchiv in der Abteilung „alte Schriften", ist aber seit Jahrzehnten dort nicht mehr aufzufinden. Bei dieser Abschrift kam es zu einer kleinen Textverschiebung. Im Originalbrief vom Mai 1632 heißt es, „dass die Engländerinnen, die ihr angemaßtes Institut gelebt hätten, nicht als schuldig erfunden worden seien". Zwei kleine Veränderungen wurden am Text vorgenommen. In der Kopie wie in den ihr folgenden Veröffentlichungen ist das „preteso – angemaßt" weggefallen, dass das Institut nicht zurecht bestehe. Außerdem steht statt des Imperfekts das Präsens: „dass die Engländerinnen, die ihr Institut leben ..." Die Abweichungen wurden wohl von Mitgliedern oder ihren Freunden vorgenommen.

VII.
Die Gefangenschaft der Visitatorin

Wir haben Maria Wards Monate im Anger begleitet und ihre Rückkehr zum Paradeiserhaus, wie es sich aus den Dokumenten des Inquisitionsarchivs entnehmen lässt. Winefrid Wigmore lernten wir im ersten Teil der Lütticher Szene kennen. Beide Frauen waren am 5. Dezember 1630 von Papst Urban VIII. zu einer Kerkerhaft verurteilt worden. Nun wenden wir uns den Lütticher Ereignissen zu. Wir kennen die Ankunft der Visitatorin in Lüttich, die schwierige Lage, die dann der Brief vom 6. April nach der in Ruhe vollzogenen Aufhebung hervorrief. In diese Situation von Sorge und Angst brachte Winefrid Aufregung und Widerstand. Das Verhör hatte stattgefunden und nun kam es zu der Haft der Winefrid Campiana.

Wie Dekan Golla mit der Inhaftierung Maria Wards beauftragt wurde, so hatte der Kölner Nuntius den Befehl für die Visitatorin in Lüttich erhalten. Pierluigi Carafa teilte am 10. Januar 1631 dem Kardinal St. Onofrio mit, er sei mit Dekan Golla in Verbindung getreten, um den Tag der Einkerkerung beider Frauen festzulegen.[1)] Am 17. Januar teilte er in Rom mit, er erwarte nun die Antwort aus München wegen der Inhaftierung der Campiana in Lüttich; schon hier legte er Schwierigkeiten vor, die sich mit deren Überführung nach Rom ergeben könnten, wenn ihr Weg durch die häretischen Staaten in Deutschland gehe, wo bei den Übergängen stets neue Pässe zu beschaffen seien.[2)] Dazu ordnete der Papst am 13. Februar nach Verlesung des Briefes von Carafa ein weiteres Verhör für Winefrid Wigmore an.[3)]

Bei der Gefangennahme der Visitatorin in Lüttich ging es anders zu als am 7. Februar in München bei der Überführung der Generaloberin ins Angerkloster. Am 14. Februar meldete Carafa in Rom, Maria Ward sei am 7. Februar eingesperrt worden, die Campiana habe er am 13. Februar zu den reformierten Franziskanerinnen, den Grauen Schwestern, in strenge Klausur gebracht, ihre wenigen Schriften konfisziert und strenge Vorschriften für sie erlassen. Winefrid habe bei der Gefangennahme unter Berufung auf ihr Gehorsamsgelübde der Generaloberin gegenüber den Generalvikar der Diözese und auch ihm, dem Nuntius, den Gehorsam verweigert; mit Gewalt musste sie durch den Gerichtsdiener des Lütticher Bürgermeisters aus dem Haus geholt und zum Wagen gebracht werden. Der Nuntius schlug im gleichen Schreiben für den Weg der Visitatorin nach Rom vor, dass sie über Brüssel und Paris und dann übers Meer die Ewige Stadt erreichen könne.[4)]

Vom gleichen Tag, dem 14. Februar, liegt ein Schreiben von dem Kanoniker von St. Martin, Zacharias Cools, an Elizabeth Cotton in München vor. Cools war mit den Engländerinnen befreundet. Er meldete die Empörung des Klerus von St. Martin über die Inhaftierung der Visitatorin, die der Nuntius vorgenommen habe, ohne zuvor eine Vereinbarung mit dem Kollegiatsstift St. Martin erbeten zu haben. In diesem mit besonderen Privilegien ausgestatteten Gebiet befand sich ja das Haus der Engländerinnen. So habe also Carafa die dem Stift gewährte Immunität verletzt, auf die die Kanoniker sehr bedacht seien. Das Kapitel verlange, dass der Nuntius die Gefangene zurückführe oder eine vom Papst gewährte Erlaubnis zum Betreten dieser kirchlichen Immunität vorweise.[5)]

Hier lässt sich das Schreiben gleichen Themas von Cools an Cotton vom 28. März 1631 einbeziehen; Cools schildert ausführlicher die Vorgänge bei der Gefangennahme. In dem umfangreichen Brief versicherte er um der Gerechtigkeit willen die Wahrheit zu schreiben. Am Donnerstag, 13. Februar, habe der Nuntius der Mater Winefrid durch seinen Kaplan mitteilen lassen, sie solle sich um 2 Uhr in seinem Palast einfinden. Sie habe sich entschuldigt, wegen der Gefahr, durch die Gläubiger ergriffen zu werden, könne sie nicht aus dem Haus gehen. Die Engländerinnen waren in Lüttich wegen des Erwerbs ihres

Hauses auf der Pierreuse in große Schulden geraten. Der Kaplan des Nuntius sagte, man werde sie in der Karosse holen, worauf sie sich beruhigt habe. Aber nach einem Nachdenken habe sie sofort dem Nuntius geschrieben, und daraufhin sei der Nuntius selbst nach dem Mittagessen, gegen halb drei Uhr ins Haus gekommen. Er habe den Generalvikar von Lüttich mitgebracht (der Bischof war in einer anderen Diözese), den Bürgermeister der Stadt und ebenso Pater Sylvestro Pietrasanta, Beichtvater des Nuntius, und P. Thomas Southwell, vere Bacon, beide Jesuiten. Cools bemerkte, beide Patres seien Feinde der Engländerinnen, schadeten aber dabei mehr sich selbst. Beide gingen einstweilen in die Kirche St. Martin zur Vesper.

Der Nuntius habe nun die Mater Winefrid rufen lassen und ihr mitgeteilt, was geschehen solle. Sie habe geantwortet, bei allem Respekt sei dies nicht ihre Sache, in das Kloster zu gehen; sie könne das nicht tun aus mehreren Gründen, obwohl sie alles zur geschuldeten Unterwerfung gegen den Nuntius und den Bischof zu tun gedenke. Darauf habe der Nuntius den Bürgermeister herbeirufen lassen; dieser sollte Winefrid aus dem Haus holen. Der Bürgermeister habe ihr gesagt, sie sei doch eine adelige Person und möge mit entsprechendem Betragen und freiwillig mitgehen. Doch habe sie geantwortet, es stehe ihr nicht zu, in das besagte Monasterium zu gehen; aber er solle seine Pflicht tun, wie Mons. Nuntius es von ihm verlange. Der Nuntius habe nun dem Bürgermeister ein Zeichen gegeben und der Gerichtsdiener habe die Visitatorin am Arm hinausgeführt. Das habe die Rektorin des Hauses gesehen, welche die Hände über die Campiana ausstreckte. Der Nuntius in der Meinung, sie wolle Winefrid zurückhalten, habe seine Hand auf die Arme der Rektorin gelegt, sie so stark gedrückt, dass diese sich nicht mehr bewegen konnte. Nun habe der Bürgermeister die Visitatorin zum Wagen gebracht, in dem sich der Kaplan und der Auditor des Nuntius befanden; der Bürgermeister folgte der gut geschlossenen Karosse und fürchtete, von den Kanonikern entdeckt zu werden, die aus der Kirche kamen.

Die Überführung sei tatsächlich von einem Kanoniker gesehen worden, der die Polizisten des Bürgermeisters fragte, warum die Visitatorin in das Kloster gebracht werde. Man antwortete ihm, es seien zehn Personen dagewesen, um die Fortführung aus dem Claustrum zu verhindern; man habe die Campiana mit Gewalt fortgeführt; dieser Priester habe dann mit den anderen Kanonikern geredet, die ihm, Cools, vorgeworfen hätten, warum er das nicht verhindert habe.

Schon am folgenden Morgen sei es ihm gelungen, sich beim Nuntius die Erlaubnis zu einem Besuch bei Winefrid zu verschaffen; der Beichtvater des Nuntius habe die Erlaubnis auf den einmaligen Besuch beschränkt. Er, Cools, habe Winefrid gefragt, wie die Sache gegangen sei, und die Antwort erhalten, sie sei mit Gewalt in das Kloster überführt worden und werde darin auch mit Gewalt festgehalten, was sie aber in Zufriedenheit ertrage. Schon seien drei oder vier Personen bei ihr zu Besuch gewesen. Es war, wie noch zu sehen sein wird, eine viel weniger strenge Haft als bei Maria Ward im Angerkloster.[6)]

Als Cools den Brief schrieb, hatte der Nuntius Carafa schon eine Declaratio, eine feierliche Erklärung, als Entschuldigung beim Kanonikat in St. Martin eingereicht; er legte dar, wie es zum Betreten des Claustrums gekommen sei; auch in diesem Schreiben findet sich eine kurze Erklärung über die Inhaftnahme mit Gewalt: „da sie nicht aus dem Haus gehen wollte, habe man sie mit Gewalt in den Wagen ziehen müssen".[7)] Im Dekret der Kollegiatskirche vom 7. März an die Englischen Fräulein erfolgte auch von den Kanonikern, wie bei der Aufhebung des Hauses im April, das Verbot für das Glockengeläute; ebenfalls wurde die Benützung des Chores in der Kirche den Frauen verboten, die ihnen bisher gestattet war; bis Ostern (20. April) sollten die Frauen das Haus im Klausurbereich der Kirche räumen und innerhalb von drei Tagen ihre Gehorsamsbereitschaft zu diesen Forderungen bekannt geben. Dies geschah auch.[8)]

Gehen wir wieder mehr als einen Monat zurück, vor die Bereinigung der Schwierigkeit mit dem Kapitel von St. Martin. Am 14. Februar berichtete Pierluigi Carafa von der Gefangennahme der Campiana; als diese unter Berufung auf ihr Gehorsamsgelübde der Generaloberin gegenüber den Gehorsam verweigerte, habe er Gewalt anwenden müssen; er sorge für Unterhalt und Überwachung. Am 26. konnte der Nuntius berichten, er habe der Campiana die Schriften zurückgegeben, da sie nichts zur Causa Gehöriges enthielten. Nochmals schlug er für sie den Reiseweg über Brüssel und Paris vor.[9)]

Nach Ankunft des Schreibens in Rom verlangte der Papst in der Sitzung vom 23. Februar ein weiteres Verhör für die Campiana und ordnete am 6. März nach Verlesung der neu eingelaufenen Briefe aus Lüttich und München aufs neue die zuverlässige Bewachung der beiden Gefangenen an, wie das Verbot für den mündlichen und schriftlichen Verkehr; doch solle man sie mit dem Notwendigen versorgen.[10)]

Am 7. März richtete Winefrid ihr erstes Schreiben an Nuntius Carafa. Unter Berufung auf den Brief Maria Wards vom 2. Februar bat sie ihn um Verzeihung wegen der ihm bereiteten Unannehmlichkeiten, versprach Gehorsam gegen Papst und Nuntius und erklärte sich als Privatperson. Aufgrund dieser Erklärung und des Briefes vom 2. Februar von Maria Ward fragte Carafa bei Kardinal St. Onofrio an, ob nun das Lütticher Verfahren mit einer Abschwörung beendet werden könne; er bat um Weisungen.[11)]

Am 20. März erhielt Carafa auch die Erklärung der fünf Lütticher Gefährtinnen, mit der sie sich als Weltpersonen und Töchter der römischen Kirche bereit erklärten, für den Gehorsam gegen den Heiligen Stuhl auch das Martyrium zu erleiden. Winefrid, so schrieb sie, wolle auch die Frauen in Trier und Köln, die ja vom gleichen Vaterland gekommen seien, bitten, sich dem Willen des Papstes zu unterwerfen. In Lüttich sind es fünf Frauen, die im Verhör am Institut festgehalten hatten. Am folgenden Tag übersandte Carafa das Schreiben nach Rom. Er bewertete den Brief der Visitatorin als Widerruf ihrer mit dem katholischen Glauben nicht übereinstimmenden Sätze und fragte wieder an, ob der Prozess gegen die Gefangene nicht in Lüttich abgeschlossen werden könne; damit wäre auch das Ungemach vermieden, sie von Lüttich nach Rom zu senden, was ihm offenbar als Belastung erschien, sie sei doch – nach seiner Schätzung – erst 24 Jahre alt und nicht unelegant, wie er schrieb, e di forma ancora non inelegante.[12)]

Außer dem langen Brief des Kanonikus Cools vom 28. März liegen zwei ebenfalls lange Briefe vom 4. April vor, die als Thema die Gefangennahme der Visitatorin betreffen. Die Briefe kamen von Mary Wivell für Mary Poyntz und von der gefangenen Winefrid Wigmore für Elizabeth Cotton. Warum verfassten die Frauen so gezielte Schreiben über das den Gefährtinnen in München längst bekannte Ereignis? Möglicherweise waren die Briefe von der Münchner Zentrale erbeten worden, um die Kardinäle in Rom von der Ungerechtigkeit der Behandlung der Campiana zu überzeugen und so auf ihre Befreiung einzuwirken.

Womit befasste sich der Brief der Mary Wivell? Ihr hatte die Visitatorin die Sorge für die Gefährtinnen übertragen, nachdem Hall das Institut verlassen hatte. Wivell berichtete, was sich im Haus der Engländerinnen zutrug, als die Visitatorin schon abgeführt war. Der Nuntius und seine Begleiter waren noch im Haus anwesend. Carafa, der Generalvikar und die zwei Jesuiten wollten das Zimmer der Visitatorin aufsuchen. Die Gefährtinnen verweigerten konstant die Auskunft. Wivell machte dem Pater Southwell Vorwürfe gegen die Gesellschaft Jesu, auf die der Pater erwiderte, nie etwas gegen das Institut unternommen zu haben; doch gab er zu, Ungutes sei allerdings geschehen. Zweimal fragte der Nuntius vergeblich nach dem Zimmer und sagte dem Generalvikar, er solle die Exkommunikation androhen. Wivell habe gesagt, er könne im Haus hingehen, wohin er wolle. Auf die Frage, ob sie gehorchen werde, sagte sie ja für jede den Glauben betreffende Sache. Darauf der Nuntius, sie sei eine Häretikerin. Wivell gestand, sie sei hartnäckig geblieben aus Furcht, der Nuntius könne im Zimmer der Wigmore Briefe finden, die dann von den Jesuiten gelesen, interpretiert und verwertet würden. Auch die deutsche Schwester Juliana, die Pförtnerin, die dem Generalvikar deutsch antwortete, gab keine Auskunft. Wivell äußerte aufs neue ihr Misstrauen gegen die Jesuiten. Nach einer Untersuchung der Papiere in ihrem eigenen Zimmer endete sie den Bericht mit dem Wort, sie hindere den Nuntius nicht am Suchen, aber das Zimmer zu zeigen, stehe ihr nicht zu.[13)]

Der längste Brief stammte von Winefrid, ebenfalls vom 4. April. Sie schrieb von ihrer „spelunca" aus, wie sie ihren Aufenthaltsort, das Krankenzimmer der Grauen Schwestern, benannte. Sie berichtete von den beiden Einladungen des Nuntius, die sie abgelehnt habe, so dass der Nuntius um halb drei Uhr nachmittags am 13. Februar mit seiner Begleitung selbst erschienen sei. Ihm gegenüber habe sie sich entschuldigt, weil die „Freunde" sie in der Stadt als ungehorsame Rebellin bezeichneten. Mit den „Freunden" meinte sie immer die Jesuiten. Dann habe der Nuntius den Grund seines Kommens ausgesprochen: der Bischof wolle, dass sie eine Zeit lang in einem Kloster lebe. So suchte er wohl seinen Kopf aus der Schlinge zu ziehen, wenn er sich in diesem Fall auf den Bischof berief. Die Einkerkerung aufgrund des päpstlichen Dekretes war Auftrag an den Nuntius. Auf die Aussicht einer Einsperrung habe sie geantwortet, sie könne nicht gehorchen, ohne dafür einen Befehl ihrer Generaloberin zu haben. Darauf der Generalvikar: man werde Gewalt anwenden müssen. Dieser habe zwar wohlwollend mit ihr gesprochen, aber er sei eben in das Vorgehen eingebunden gewesen. Dann sei sie mit einem Gerichtsdiener zum Wagen und zum Kloster der Grauen Schwestern gebracht worden. Man habe das Tor des Klosters geschlossen; hätte man es offen gelassen, wäre sie nicht geflohen wegen der Causa, um derentwillen man sie einsperrte. Wigmore berichtete dann über zwei Besuche, die sie ungehindert habe empfangen können, und sprach ihre Sehnsucht nach der Rückkehr in die eigene Gemeinschaft aus; sollte ihr diese verwehrt werden, so wolle sie in einem Hospital arbeiten. Nach der ausführlichen Schilderung der ganzen Vorgänge erwähnte Winefrid gegen Ende nochmals die erfahrene Beschämung, der sie ausgesetzt sei: es heiße von ihr, sie lebe in der Häresie. Nie habe der Nuntius sich auf den Papst für sein Vorgehen berufen, sondern immer nur die Autorität des Bischofs genannt. Die Visitatorin schließt ihren Brief mit einem Wort der Sorge um Maria Ward, erwähnte aber auch ihr Vertrauen auf Gott, der ihre Mutter erhalten werde.[14)]

Es ging allen Gefährtinnen um die Befreiung der Winefrid Wigmore. Wieder kam eine Zeit eifrigen Briefeschreibens vom 15. Mai bis 3. Juli. Man kann sich fragen, ob diese Briefe, die alle an Elizabeth Keyes gingen, sozusagen bestellt wurden, um die als schuldig Angesehene in Rom zu befreien, da sie ohne jede Schuld sei.

Elizabeth Cotton schrieb in innerer Erregung dreimal von dem Unrecht, das die Campiana durch den Nuntius in Lüttich erlitt, auch von der Schuld Gollas, der Maria Ward die Badekur in Eger/Böhmen versagt habe, und verwehrte sich dagegen, die Visitatorin als Häretikerin zu bezeichnen. Der Nuntius habe durch sein Vorgehen gegen die Ihrigen sein Ansehen so verloren, dass er es nie mehr wiedergewinnen könne: ein schlechter Lohn für acht Jahre Nuntiatur! Sie erinnerte an die 60 heilige Messen, die in Santa Maria Maggiore bald gelesen werden sollen. Die Visitatorin müsse nach Rom, um dort verbrannt zu werden; ihre Mutter sei zu schwach für die Reise, sonst würde sie dort auch verbrannt. Dann folgt noch ein Wort der Liebe für Maria Ward: sie sei erst 46 Jahre alt; betrachte man aber ihre Mühen, ihre Leiden und Krankheiten könnte man meinen, sie habe doppelt so viele Jahre; aber sie zweifle nicht, dass ihr Gott weitere 40 Jahre gebe.[15)]

Von Winefrid Wigmore erging am 19. Juni an Keyes eine Verteidigung gegen die Anklagen auf Häresie und Ungehorsam, denen sich die Schreiberin ausgesetzt fühlte. Nie habe sie gesagt, der Generaloberin sei mehr zu gehorchen als dem Papst; sie habe sich nur bei ihrer

Vorgesetzten orientieren wollen, und diese werde ihr nie etwas gegen Kirche und Papst vorschreiben. Sie berief sich auf ihre katholische Familie und Erziehung. Als sie beim Verhör um Zeit für ihre Antwort gebeten habe, bis Maria Ward mit dem Papst hätte sprechen können, habe der Nuntius sie als hartnäckig bezeichnet und wiederholt gesagt, das sei vom Teufel. Bei der Verhaftung habe man ihr vorgeworfen, sie verachte die Befehle des Papstes, doch seien Papst oder Kardinäle nie genannt worden, sondern nur der Bischof; deswegen habe sie sich gewehrt. Den Nuntius habe sie wissen lassen, man werde sehen, dass die Campiana keinen Irrtum begangen habe, sondern gehorsam gewesen sei. Sie nannte darauf auch die dreimalige Aufforderung des Nuntius im Prozess, ihre Unterschrift zu geben; sie habe dann unterschrieben, obwohl ihr Carafa die Durchsicht ihrer Aussagen verweigert habe. Weil die Unterschrift unter dem Text stehe, sei sie als Häretikerin ins Gerede gekommen. Sie glaube, niemand habe mit größerer Einfachheit Gehorsam geleistet als sie. Gegen Schluss erinnerte sie, dass sie am Tag dieses Briefes auf 18 Wochen ihrer Gefangenschaft zurückzublicken habe.[16)]
Der letzte Gefährtinnen-Brief in den zwei Monaten kam am 3. Juli aus München von der Rektorin des Paradeiserhauses. Mary Poyntz, die den gleichen Aliasnamen Campiana führte, schrieb, sie habe den Brief ihrer Kusine Winefrid gesehen und auch erfahren, dass deren Unschuld weit bekannt sei. Der Nuntius halte sie wegen des Rufes seiner Causa in Gefangenschaft, er verliere dabei immer mehr seinen guten Ruf. Zunächst stellte Poyntz Winefrids Leben vor: sechs Jahre sei sie in Neapel, davon drei Jahre als Novizenmeisterin, dann vier Jahre in Rom tätig gewesen. Sie sei von höherer Geburt als der Nuntius Carafa, wie es sich aus seiner Ausdrucksweise in Wort und Schrift beweisen lasse; Winefrids Gehorsam gegenüber dem Nuntius sei allzu einfältig und ihr großes und feines Vertrauen in seine väterliche Sorge und Freundlichkeit zu heilig gewesen; sie, die Schreiberin, werde sich mit weniger Vollkommenheit zufrieden geben. Im Augen-

blick bedrücke sie die Krankheit der Campiana, an der sie seit einem Monat mit Fieber und Katarrh leide. Doch hoffe die Schreiberin, dass Winefrid ihr Leben nicht im Kerker beenden müsse. Mons. Carafa sage, Maria Ward sei getäuscht und vom Dämon geführt, ohne sie je gesehen oder mit ihr gesprochen zu haben. Von den Vertrauten des Nuntius, den Patres der Gesellschaft Jesu, könne Carafa dieses Evangelium nicht gehört haben; seit elf Jahren sei ja ihre Mutter nicht mehr in jener Stadt und Provinz gewesen (Saint-Omer und Lüttich); auch habe keine Verbindung mit jenen bestanden, die am Anfang des Seminars in Saint-Omer, also vor 23 und 24 Jahren, dort studiert hätten. Aber manche Leute könnten aufgrund ihres Ansehens sagen, was sie wollten.[17)]

Die Briefe, die hier ein wenig bekannt wurden, geben einen Blick in das Denken und Fühlen der Frauen, sie sind keine besonderen Zeugnisse von Klugheit, Besonnenheit und Versöhntheit. Sie sind geschrieben von Gefährtinnen, die alle in Not und Sorge lebten. Was wird Maria Ward in München nach ihrer Haft zu Hause erlebt und gelitten haben?

Sehen wir nun, wie es von April ab auf der bürokratischen Seite des Prozesses weiterging zwischen dem Kölner Nuntius und der Inquisition. Am 18. April suchte der Nuntius nochmals einen zweiten Prozess für die Campiana von sich fernzuhalten. Er berichtete, die Campiana sei ja schon verhört, wie es aus dem nach Rom gesandten Prozess hervorgehe. Eine neue Befragung würde wohl wieder gleiche Antworten bringen. Was die belastenden Depositionen der Copley und der Hall betreffe, die diese ihr zuschrieben, sei sie schon im Verhör 1630 befragt worden und habe deren Aussagen teils bestritten, teils modifiziert. Die Gegenüberstellung der drei Frauen sei nicht mehr möglich, da Copley und Hall nach England abgereist seien. Für eine Befragung erbat der Nuntius Anweisungen von Rom.[18)]

In Rom waren die Nachrichten von der Gehorsamsbereitschaft Maria Wards und der Campiana eingetroffen. In der Sitzung vom 24. April

verlangte der Papst aufs neue die Vollendung des Prozesses der Campiana, also wieder ein Verhör. Ihre Verteidigungen seien festzuhalten und nach Rom zu schicken mit der Meinung des Nuntius.[19)]
Nochmals, am 16. Mai, brachte Carafa seine gleichen Schwierigkeiten vor, die er am 18. April erwähnt hatte. Er sah auch, dass der Papst nicht von dem zweiten Verhör abgehen werde, und erbat Hauptpunkte für die Befragung, um in der wichtigen Sache nach dem Willen der Kongregation vorzugehen.[20)]
Als Carafa am 11. Juli die Ankunft der päpstlichen Bulle in Lüttich meldete, berichtete er, Winefrid sei immer noch in Gefangenschaft, für deren Befreiung und das Ende des Prozesses sie wie andere mit ihr sich dauernd einsetzten; auch die angebliche Generaloberin sei schon aus der Gefangenschaft entlassen. Am 25. Juli bat Carafa wieder um Weisung, was er mit der seit fünf Monaten gefangenen Campiana tun solle, um die Causa zu beenden.[21)]

VIII.
Das zweite Verhör für die Visitatorin

Zur Zeit dieses Schreibens war die Instructio schon auf dem Weg nach Lüttich. Das lange Schreiben lag schon fertig in Rom am 16. Juli;[1)] Kardinal Desiderius Scaglia O. P. hatte es im Auftrag des Papstes verfasst. Er hatte den Brief der Visitatorin vom 4. April und ihre Aussagen vom Verhör wie auch andere Schreiben vom Kölner Nuntius als Quellen vor sich. Die Stellen, die der Kirchenlehre nicht entsprächen, sollten als Fragen für das zweite Verhör vorbereitet werden. Von einer Zitierung der Campiana nach Rom fiel kein Wort. Der Papst sprach, was die Romreise anging, nur für Maria Ward Vorschriften aus. Die Generaloberin war für den Papst und die Inquisition die eigentlich gefährliche Person.

So schrecklich die Lage für Winefrid Wigmore auch gewesen sein mag, sie hatte dennoch Glück; denn der Nuntius arbeitete nicht auf eine Verurteilung hin, wie es bei den Hexenprozessen in den damaligen europäischen Ländern geschah. Es klangen ja manche ihrer Aussagen im ersten Verhör bedenklich in Glaubenssachen, und sie war die Anführerin der Lütticher Szene, die gegen die Aufhebung die Gemüter aufgehetzt hatte. Kardinal Scaglia, auch nach seinem früheren Aufenthaltsort Cremona Cardinalis Cremonensis genannt, saß vor einer Geduld fordernden Aufgabe. Die Arbeit war für ihn auch mit Peinlichkeiten verbunden, nämlich dem Nuntius gegenüber, der das erste Verhör nicht zur vollen Zufriedenheit der Inquisition durchgeführt hatte; Peinlichkeiten bestanden auch gegenüber seinen eigenen Mitbrüdern, den Dominikanern, die zu den Qualifikatoren gehört hatten. Zudem kam der Auftrag vom Papst, der die weitere Vernehmung verlangte. Und sollte es zu einer Verurteilung kommen,

so musste man sich auch den Fürsten in München und Wien gegenüber verantworten können. Scaglia stand nicht vor unbekannten Frauen. Er kannte die Verhandlungen mit den Engländerinnen und ihrem Institut schon bald seit zehn Jahren, als deren Anliegen 1622 in der Kongregation der Bischöfe und Regularen bearbeitet worden war. Nach der italienischen Vita gehörte Scaglia zu den vier Kardinälen, die der Papst 1629 zu einer Prüfungskommission eingesetzt hatte und vor der Maria Ward über ihr Institut sprechen konnte. Ohne Zweifel sah auch der Kardinal in der Ablehnung der Klausur ein unübersteigbares Hindernis, wenn ein neuer Orden in der Kirche um die Approbation bitten wollte.
Aus dem ersten Verhör übernahm Scaglia neben anderen Stellen die Aussage der Campiana, der Heilige Geist könne einer frommen Person trotz bestehender Vorschriften einen neuen Orden eingeben. Dagegen machte er geltend, dass der Heilige Geist sich nicht widerspreche; denn er habe dem Konzil von Trient bei der Abfassung der dortigen Konstitutionen beigestanden und damit geistliche Ordensgemeinschaften von Frauen ohne Klausur verboten.
Als sich Scaglia an die Arbeit machte, lag ihm mit dem Brief der Campiana vom 4. April ein neuer Beleg vor, der die Aufrichtigkeit der von ihr im März dem Nuntius gegebenen Gehorsamserklärungen in Frage stellte. Die zwei Gehorsamsversicherungen vom März und die Aussagen im Brief vom 4. April, sie konnten nicht zusammenpassen! Achtmal führt der Kardinal in der Instructio Stellen aus diesem Brief an. Das einzige Ziel seiner Arbeit war, auf die wahre Gesinnung der Campiana zu kommen. Der Verfasser der Instructio sah, wo beim ersten Verhör die Fragen an wichtigen Punkten nicht weitergeführt wurden, bis die wirkliche Einstellung der Frauen ans Licht hätte kommen können. So blieb im Verhör manches unaufgeklärt und sorgte für Verwirrung. Auf unsichere, ungeklärte Angaben aber ging die Inquisition nicht ein. Es herrschte Strenge, aber auch Gerechtigkeit, wie schon wiederholt in dem Prozess gesehen wurde. Scaglia's

Arbeit zeigte auch einen beachtlichen Unterschied zu den Urteilen der Qualifikatoren. Er ging vorsichtig an die angeblichen Ketzereien der Engländerinnen heran, während jene theologischen Berater allzu rasch die Aussagen als häretisch erklärt hatten; allerdings ist nicht zu vergessen, dass diesen Prüfenden der Einblick in den vollen Text gefehlt hatte.

Für die Arbeit des Kardinals ist zu sagen, dass gerade Äußerungen im Brief vom 4. April vermuten lassen, Winefrid habe in den zwei ersten Monaten ihrer Haft ihre Einstellung nicht geändert, obwohl sie wusste, dass Anklagen auf Glaubensirrtümer und auf Ungehorsam gegen den Papst über sie vorlagen. Einige Stellen sollten ihr daher aus ihrem Brief vorgelesen werden, so z. B. dass sie das Institut trotz der päpstlichen Aufhebung noch als bestehend ansehe, dass ihre Gehorsamserklärungen der Aufrichtigkeit entbehrten. Das folgerte der Kardinal auch aus den Anreden, die die Campiana in ihrem Brief gebrauchte: Rectrix, Mater, Generaloberin, Euer Ehrwürden.

Sind dies schon Beweise, die nicht mit dem versprochenen Gehorsam vom März übereinstimmten, so gilt das besonders von dem langen Bericht über die Gefangennahme und dem dabei offenkundig erwiesenen Starrsinn. Diesen Indizien sei zu entnehmen, sie habe ihre innere Einstellung beibehalten.

Kardinal Scaglia sah auch voraus, dass Winefrid gegen die Beschuldigung des Ungehorsams sich zur Wehr setzen und ihr Verhalten nicht als Ungehorsam gegen den Papst gelten lassen werde, da sie doch nur dem Nuntius und dem Vertreter des Bischofs die Unterwerfung verweigert habe. Diese Einstellung entnahm der Verfasser ihrem Brief vom 4. April. Falls die Verhörte zu einer Ausrede flüchte, verlangte der Kardinal eine Antwort auf die Frage, ob sie der Meinung sei, dass man sich nach eigenem Gutdünken oder mit Berufung auf ein Ordensgelübde, das man dem Ordensoberen gegenüber abgelegt habe, der Unterwerfung unter die Vertreter der Kirche, der Bischöfe und Nuntien, entziehen dürfe. Diese Frage scheint auch die Gene-

raloberin selbst zu berühren, hatte sie ja in ihrem Brief vom 6. April ein derartiges Vorgehen verlangt.
Als zweite Hauptquelle lag dem Verfasser das Verhör vom September 1630 vor, das er mit peinlicher Sorgfalt und bewunderungswürdigem Scharfsinn studierte. Von den 14 Fragen der Instructio bezogen sich 13 auch auf das Verhör. Achtmal ging er auf die Vernehmung der Jesuitinnen ein, um Klarheit über die Aussagen zu erreichen.

Die 14 vorgelegten Fragen der Instructio sind die folgenden:
1. Ob die Verhörte den Grund ihrer Gefangenschaft kenne (Brief vom 4. April) .
2. Ob sie freiwillig im Gehorsam gegen den Papst im weltlichen Stand leben wolle (Widerspruch zwischen Brief vom 4. April und Gehorsamsversprechen vom 7. März).
3. Ob sie das Institut als aufgehoben erachte (Brief vom 4. April).
4. Ob sie gesagt habe, der Exkommunikation sei zu widerstehen (Copley, Hall, Campiana zu Frage 23).
5. Ob sie einer Gefährtin gesagt habe, sie solle sich ganz auf die Generaloberin verlassen (Hall zu Frage 9).
6. Ob sie gesagt habe, nach Meinung der Generaloberin sei das Institut nicht aufgehoben (Campiana zu Frage 12).
7. Ob das aufgehobene Institut etwas anderes einschließe als das Institut der Generaloberin (Campiana zu Frage 12).
8. Ob sie gesagt habe, das Institut bleibe nach der Aufhebung, was es vorher war; auch die Gott geschuldete Treue bleibe unvermindert (Campiana zu Frage 19).
9. Sie möge erklären, ob das Urteil über die Frage, das Institut sei von Gott, mehr der Generaloberin als dem Papst zustehe (Campiana zu Frage 28).
10. Sie möge erklären, wie zu verstehen sei, dass jede im Beharren auf das Institut Gott treu bleiben solle in dem, was sie als Gottes Wohlgefallen erkenne (Campiana zu Frage 15 und 17).

11. Ob man zu glauben habe, der Heilige Geist sei mehr bei der Gründerin eines neuen Ordens als beim Papst in der Verwerfung eines solchen (Campiana zu Frage 29 und 30).
12. Ob sie glaube, dass das Gehorsamsgelübde der Generaloberin gegenüber die Schwestern vom Gehorsam gegen die Nuntien und Bischöfe befreie (Brief vom 4. April).
13. Ob sie durch die Gelübde mehr der Generaloberin als dem Papst verpflichtet sei (Campiana zu Frage 24).
14. Ob sie glaube, dass der besondere Gehorsam (Verpflichtung durch den Kontrakt im Institut) mit der Lösung der Gelübde nicht gelöst werde (Morgan zu Frage 9 und 10).

Hauptpunkte waren für Scaglia der Gehorsam gegen den Papst, die Unterscheidung der Gehorsamspflicht gegen Papst und Generaloberin, die Fortdauer der Gelübde nach der Aufhebung, der Widerstand gegen die Anordnungen des Papstes bis zur Exkommunikation, die Wiedereinführung der Lebensweise wie vor der Aufhebung. Scaglia blieb maßvoll, mahnte viermal den Nuntius zur Klugheit und zu Rücksicht auf die Umstände. Er ging nicht von vorne herein auf Feststellung von Glaubensirrtümern aus. Der Kardinal war offenbar der Meinung, die Frauen würden in der Theorie nie die Autorität des Papstes leugnen, er hegte auch keinen Zweifel an der Rechtgläubigkeit der Campiana. Es ging ihm vor allem um die Frage nach der Anerkennung der praktischen Jurisdiktionsgewalt der kirchlichen Vertreter.
Die Vernehmung in Lüttich fand am 16. September 1631 statt.[2)] Die Fragen der Instruktion waren der Verhörten besser angepasst als jene im Interrogatorium Carafas. Darum konnte sich Winefrid kürzer fassen. Nun stand sie wieder vor Carafa. Auch er wünschte wie Scaglia keine langen Diskussionen über Gegenstände, die nichts Wesentliches zum Ziel des Verhörs beitrügen.
In diesem Verhör sprach Winefrid bescheidener und offener als bei der ersten Vernehmung. Sie hielt sich zurück mit ihren Berufungen

auf die Generaloberin. Sie gestand auch ihr Versagen ein, das ihr Benehmen gegen den Nuntius bei ihrer Gefangennahme betraf. Carafa selbst wahrte bei diesem Verhör eine vornehme Haltung; doch gebrauchte er manchmal ernste Worte und warf auch der Campiana vor, sie gebe der Wahrheit nicht die volle Ehre. Bei dieser Vernehmung gewinnt man auf neue den Eindruck, dass die Engländerin für den Nuntius eine fremde Welt geblieben war, ihm unverständlich in ihrer Eigenart und in ihrem persönlichen Charakter. Doch mag sich Carafa am Ende des Verhörs auch gesagt haben, er habe eine Frau guten Willens vor sich gehabt, die allerdings mit unglaublicher Starrheit an dem festzuhalten suchte, was sie als ihre Lebensaufgabe verstanden hatte.

Der Ablauf des Verhörs stellt uns vor einige Fragen, auf die die Aufzeichnungen keine Antwort geben. Dass Winefrid das Patentschreiben ihrer Generaloberin verbrannt hatte, kam nicht ins Gespräch. – Der Brief Maria Wards vom 6. April 1630 wurde nicht genannt, obwohl in etlichen Sätzen des Verhörs eine auffällige Beziehung zum Inhalt bestand. – Auch blieb die Frage unerwähnt, worüber eigentlich der Papst hätte orientiert werden sollen. – Vielleicht kann man sich wundern, dass Scaglia die Einstellung der Campiana gegenüber der kirchlichen Autorität nicht weiter zu klären suchte. Er ließ sie nicht über die Proposition der Elizabeth Hall vernehmen, die der Visitatorin das Wort zuschreibt: der Papst vermöge nichts hinsichtlich der Lebensordnung einer geistlichen Gemeinde, sondern sei nur für die kirchlichen Riten, für die Liturgie zuständig.

Was konnte der Campiana im Blick auf ihre Äußerungen und ihr Verhalten zur Last gelegt werden? Es ging im Wesentlichen immer um die Prüfung ihrer Gehorsamsgesinnung gegen Papst und Kirche:

1. Ihr Auftreten als Visitatorin:
    a) Sie habe die Gefährtinnen aufgewiegelt, die sich der Aufhebung des Hauses am 30. April 1630 unterworfen hatten.

- b) Sie habe erklärt, das Institut bestehe trotz vollzogener Aufhebung weiter wie zuvor; ebenso bestünden Gelübde und Verpflichtungen gegenüber der Generaloberin weiter.
- c) Sie habe zur Fortsetzung des Widerstandes geraten, auch im Fall einer Exkommunikation.

2. Ihr Widerstand bei der Gefangennahme:
   - a) Sie habe das Verlassen des Hauses und den Einstieg in die Kutsche verweigert, so dass die weltliche Autorität eingreifen musste.
   - b) Sie habe die Fortdauer der Amtsgewalt der Generaloberin behauptet und deren Autorität über die des Papstes erhoben.
3. Äußerungen im Schreiben an Elizabeth Cotton:
   - a) Sie rühme sich ihres Verhaltens gleich einer Heldentat.
   - b) Sie wünsche, in ihre Gemeinschaft zurückzukehren und gebe ihren Gefährtinnen klösterliche Titel.
   - c) Sie hoffe immer noch auf die päpstliche Bestätigung, obwohl sie sich dem Laienstand zugehörig erklärt habe.

Zu 1: Winefrid brachte vor, das Institut sei nicht rechtmäßig aufgehoben.

Zu 2: Sie äußerte, bei der Gefangennahme sei der Name des Papstes nicht genannt worden. So sei sie dem Papst nicht ungehorsam gewesen, sondern nur dem Nuntius und dem Generalvikar.

Zu 3: Sie rechtfertigte sich, ihr Brief gebe den Eindruck wieder, den sie bei der Gefangennahme gehabt habe; die Sehnsucht nach der Rückkehr in ihr altes Heim sei davon abhängig, dass Maria Ward zum Papst komme und von ihm die Bestätigung erlange. Ihre Hoffnung auf Wiederherstellung des Instituts bestehe weiter, wenn eine erfolgreiche Audienz beim Papst stattfinde.

Winefrid gab zu den verschiedenen Punkten immer wieder gleiche Antworten. So dürfte man auf ihre wahre Überzeugung gekommen

sein. Jedenfalls bezeichnete sie ihr Verhalten bei der Gefangennahme als unrichtig.
Sicher gibt es auch im zweiten Verhör Stellen, die zu weiteren Fragen hätten führen können, z. B. um ans Licht zu bringen, dass ihr Gehorsam, zu dem sie sich der Generaloberin gegenüber verpflichtet fühlte, nicht frei von Übertreibungen gewesen sei. Ebenso wäre eine Frage nötig gewesen, wie sie dazu komme, sich auf die Ungültigkeit des römischen Dekretes zu versteifen. Doch im Vergleich zum ersten Verhör war die Visitatorin bei der zweiten Befragung vorsichtiger; offenbar wollte sie nicht in weitere Schlingen geraten. Sie war nun auch nicht mehr so sicher wie früher. Aber aus ihren Antworten vernahm man die Gewissheit, sie spreche mit der Unterwerfung der Generaloberin unter die päpstliche Autorität ihre eigene Überzeugung aus.

Was könnte aus den Aussagen dieses Verhörs für Maria Ward entnommen werden? In keiner Frage der Instructio ging es um Erforschung bedenklicher Äußerungen oder Ansichten der Generaloberin. Keines ihrer Schreiben wurde herangezogen. Nur die Campiana wurde verhört.
Doch können aus beiden Verhören Anklagen gegen Maria entnommen werden:

1. dass sie entgegen den ihr bekannten Vorschriften ein Institut ohne Klausur habe gründen wollen;
2. dass sie trotz des Dekretes und vollzogener Aufhebung der Gemeinschaft in Lüttich an ihrem Institut festgehalten habe;
3. dass sie ihre Gefährtinnen nicht zum Gehorsam ermahnt, sondern die innere Erfahrung über die Unterwerfung gestellt habe, die dem Papst geschuldet ist;
4. dass sie zum Widerstand aufgefordert habe, auch wenn die Exkommunikation verhängt werde.

Am 19. September 1631 sandte der Nuntius die Depositionen des Interrogatoriums an Kardinal St. Onofrio. In seinem Begleitschreiben machte er auf Spitzfindigkeiten aufmerksam, mit denen diese Frau ihren früheren Worten einen neuen Sinn gebe. Doch habe sie sich als gehorsam erwiesen, auch trage sie das weltliche Kleid „ohne Schatten eines Ordenshabits“ wie ihre Gefährtinnen, die sich getrennt hätten in dieser Stadt und in Köln; das Gleiche, so hoffe er, sei auch in Trier geschehen, wie ihm kürzlich der Kurfürst von Trier bei seinem Aufenthalt in Koblenz in einem langen Gespräch über die Angelegenheit mitgeteilt habe.[3)]

Als Carafa den Brief schrieb, lag schon vor ihm die dringende Bitte der Oberin Anne Malaise der Grauen Schwestern, bei denen die Campiana in Gefangenschaft lebte, man solle diese aus ihrem Kloster entfernen. Malaise brachte fünf Klagen vor:

1. Die Visitatorin sei mit Bedauern der Kommunität und im Gehorsam gegen die Obern nur für höchstens sechs Wochen aufgenommen worden; nun aber seien sieben Monate verflossen.
2. Man habe ihr das Krankenzimmer überlassen und sich bis heute der Bitte des Nuntius und der Oberen gefügt; jetzt aber bedürfe man des Krankenzimmers, es gebe Krankheitsfälle unter den Schwestern.
3. Als Franziskanerinnen lebe die Kommunität von der Arbeit ihrer Hände, von Almosen und ihrer bescheidenen Mitgift. Die Campiana aber habe nicht einmal Wäsche und Handtücher mitgebracht und weder für sich noch für andere gearbeitet; erst seit Veröffentlichung der Bulle scheine es, dass sie für sich etwas tue; dabei aber werde sie bis heute von einer Laienschwester bedient.
4. Von den zwei Sprechzimmern sei bisher eines immer von ihr beansprucht worden.
5. Die Campiana habe nicht die Absicht, in das Kloster einzutreten außer in das, das sie sich zurechtgeschmiedet hätte und das als weltlich erklärt worden sei. Dem entspreche auch ihr Benehmen, auch wenn man sie als tugendhafte und gute Seele achte. Obwohl im Kloster lebend, habe sie ein Grauen vor der Klausur, die für

sie Gefangenschaft sei; doch bereite sie keiner Schwester Schwierigkeiten, Versuchung oder Kummer; hatte sie ja selbst Gelübde abgelegt, von denen sie jetzt dispensiert sei. Schließlich würden die weltlichen Leute, die sie gerne besucht und ihre Einsperrung mit Widerwillen gesehen hätten, sie nun weniger gern annehmen, nachdem sie als weltliche Person erklärt sei; dazu komme auch, dass das Kloster die gewohnten Almosen entbehren müsse.[4)]

Am gleichen 19. September ging ein zweiter Brief von Carafa an den Kardinal. Er legte das Schreiben der Oberin bei und teilte mit, dass das Kloster die Campiana nicht mehr länger behalten werde, obwohl er für die Unkosten aufkomme. Einige Male habe er die Schwestern beruhigen können; nun aber wollten sie die Engländerin nicht mehr behalten; es sei auch schwer, sie woanders unterzubringen. Wieder bat er um Weisung.[5)]

Am 27. November lagen der Sitzung die Nachrichten des Kölner Nuntius vor wie auch das zweite Verhör. Über dieses kam es zu keiner Anordnung. Ein Compendium darüber war vorbereitet; die Zusammenfassung ist nicht sehr ausführlich; manche Angaben von Instructio und Verhör sind nicht darin erwähnt. Der Bearbeiter dieser Zusammenfassung nahm aber die Gewissensbedenken der Verhörten ernst. Von gefährlicher Lehre und bewusstem Ungehorsam blieb auch hier nichts mehr übrig. In der Sitzung ordnete der Papst die Freilassung der Campiana an.[6)]

Am 12. Dezember 1631 beklagte sich Carafa wiederum in Rom, hinweisend auf die früheren Schreiben wegen der Belastungen durch die Grauen Schwestern. Er bat um Auskunft, da Winefrid nun zehn Monate gefangen sei und ihr Hingehaltensein schwer ertrage, weil von ihrer Sache gar nicht mehr die Rede sei.[7)]

Am 13. Februar 1632 erinnerte der Nuntius wiederum an seine Schreiben in der Angelegenheit der Campiana. Offenbar dürften ihm zugesandte Antworten verloren gegangen sein. Er wiederholte, die Klosterfrauen, in deren Konvent sie gefangen sei, wollten sie nicht mehr behalten und würden oft bei ihm vorstellig. Er könne dem Drängen nicht länger widerstehen und bitte um Weisung, was er tun solle.[8)]

Kurz vor dem 23. April erhielt Carafa von der Oberin Malaise wieder einen Brief. Sie teilte dem Nuntius mit, die Gefangene habe von Rom von ihrer Freilassung erfahren; darum bitte sie, die Campiana möglichst bald zu entlassen; sie unterstützte ihre Bitte mit dem Hinweis auf früher vorgebrachte Gründe und betonte die Schwierigkeit, eine Weltperson nicht für so lange Zeit im Kloster haben zu können.[9)]

Am 23. April sandte Carafa das Schreiben der Malaise nach Rom, verwies wieder auf seine früheren Briefe und beklagte sich über die täglichen Belästigungen durch die Schwestern, welche die länger als ein Jahr eingesperrte Engländerin nun nicht mehr behalten wollten. Es heiße im Kloster, von Rom sei ein Schreiben für ihre Freilassung gekommen. Falls dies stimme, bitte er um ein Duplikat, um von der Belästigung freizuwerden; die Briefe aus Rom seien wohl in den gegenwärtigen Unruhen in Deutschland verloren gegangen.[10)]

Am 28. Mai 1632 konnte der Nuntius nach Rom berichten, er habe von der gefangenen Campiana ein Duplikat des Schreibens von Kardinal St. Onofrio vom 29. November 1631 erhalten mit der Anordnung ihrer Befreiung; durch ihre Unterwerfung im Gehorsam bestehe kein Verdacht mehr gegen sie. Und er teilte mit, er habe sie sofort entlassen und endlich auch die Grauen Schwestern zufrieden gestellt.[11)]

Am 25. Juni bestätigte der Nuntius den Empfang des Duplikats vom 29. November und teilte nochmals die Freilassung der Campiana und die Zufriedenstellung der Nonnen mit.[12)] Winefrid Wigmore war also vom 13. Februar 1631 bis 28. Mai 1632, mehr als 15 Monate gefangen gewesen. Am 1. Juli wurde in der Sitzung der Kardinäle die Freilassung der Campiana vorgelesen.[13)]

Am 24. Dezember 1632 meldete Winefrid Campiana, die am 23. in Rom eingetroffen war, ihre Ankunft bei Kardinal Barberini. Sie schrieb:

„Hochwürdigster Herr Kardinal, verehrtester Patron,
ich Winefrid Campiana, demütige Dienerin Eurer Eminenz, erreichte gestern Abend Rom mit einer Dame, meiner Gefährtin, nach einer mühevollen Reise; da ich keine andere Unterkunft finden konnte, nahm ich meine Zuflucht zu Frau Donna Maria della Guardia, in deren Haus ich mich jetzt befinde; demütig bitte ich, dass ich mit dem Gutachten von Eurer Eminenz mich für die Zeit meines Aufenthalts in Rom der Liebe der genannten Dame bedienen darf, da ich nichts habe, um eine andere Vorsorge für mich zu treffen. Damit wünsche ich Eurer Eminenz sehr glückliche Festtage und mit aller Ehrfurcht verbeuge ich mich.
Demütigste Dienerin Winefrid Campiana *24. Dezember.“* [14)]

Die Campiana erhielt die Erlaubnis, im Haus Maria Wards zu verbleiben.[15)] Für sie gab es keine Reisevorschriften, wie sie Maria Ward auferlegt worden waren. Nirgends wurde ihr ein Reisetermin vorgeschrieben, keine Bürgschaft wurde verlangt. Auch von der Begleitung eines Kommissars war keine Rede. Wie kam es zu dieser unterschiedlichen Behandlung? War etwa der Verantwortliche in Lüttich gütiger und der in München strenger? Sowohl Nuntius Carafa wie Dekan Golla hingen bei der Behandlung ihrer Inhaftierten ganz von den Befehlen der Inquisition ab; beide erbaten Weisungen von ihrer römischen Behörde und führten aus, was ihnen mitgeteilt wurde. Die Belege aus dem Inquisitionsarchiv liefern die Beweise. Aus der unterschiedlichen Behandlung zeigt sich wieder, dass Maria Ward als die Hauptschuldige angesehen wurde. Der Lütticher Aufstand, wie die Erwähnungen in der Bulle beweisen, war durch den Brief vom 6. April und die Absendung der Visitatorin mit gleichen Befehlen über Maria Ward gekommen. Für den Unterschied in der Behandlung ist wohl auch einzubeziehen, dass zwischen den Romreisen der Frauen fast ein Jahr liegt. Maria Ward hatte am 24. Oktober 1631 München verlassen; Winefrid hatte nach der Sommerhitze 1632 sich auf den

Weg gemacht. In den Jahren hatten beide Frauen ihre bedingungslose Unterwerfung unter den Gehorsam gegen den Papst greifbar bewiesen. Maria Ward hatte man schon den Kommissar erlassen. Und Winefrid Wigmore hatte die lange Haft ohne Revolte durchgestanden und ein Festhalten an ihrem Institut in Wort und Benehmen nicht mehr zur Sprache gebracht. Beide waren schon mit der Kenntnis der Bulle und ihrer Unterwerfung unter das strenge Wort des Papstes nach Rom gekommen.

IX.
Die Bulle „Pastoralis Romani Pontificis“

Das große Leid, das über Maria Ward gekommen war, erhielt sein volles Maß mit der päpstlichen Bulle. Sicher wurde ihr bald klar, dass sie und ihre Gefährtinnen, die bei ihr geblieben waren, diesem Leid lebenslang nicht mehr entrinnen werden. Wie kam es zu diesem Dokument, das sich bis an die Schwelle zum 20. Jahrhundert immer wieder auf das Leben des Instituts, vor allem in Deutschland, auswirkte? Wie kam die Bulle zustande? Fragen wir zunächst nach dem Verhältnis Urbans VIII. zu Maria Ward. Als er 1623 zum Papst gewählt wurde, stand diese Frau schon seit zwei Jahren vor seinem Vorgänger, Papst Gregor XV. Ludovisi, um von ihm die Approbation für ihr Werk zu erhalten.

Es muss dem Papst Urban VIII. eigenartig vorgekommen sein, wie eine fremde Frau, die schon vom Vorgänger erfahren hatte, dass sie ohne Klausur keine Approbation erlangen könne, weiterhin stehen blieb und auch ihre Pläne nicht änderte. 1625 verbot er die drei italienischen Niederlassungen, und sie sah schließlich ein, dass sie zu dem Zeitpunkt für ihre Sache nichts mehr ausrichten könne. Sie wollte 1626 ihre Schwestern im Norden besuchen. Nach Empfehlungen für die Fürstenhöfe erhielt sie durch die Freundlichkeit des bayerischen Kurfürsten und des Kaisers in Wien in München und Wien Häuser mit Schulen. Erzbischof Pázmány half ihr zu einer Gründung in Ungarn. Im gleichen Jahr 1628 suchte sie mit einer gewissen Starrheit auch eine Gründung in Prag durchzusetzen. Meldungen gingen durch die Nuntien nach Rom. Urban VIII. hatte die Verhandlungen mit dieser Frau nach seinem Amtsantritt der jungen Propagandakongregation unterstellt; Maria Ward war ja Engländerin, und England unterstand diesem Dicasterium.

Der Einsatz der beiden katholischen Fürsten, deren Hilfe auch der Papst gerade im Dreißigjährigen Krieg bedurfte, beunruhigte ihn. Zudem hörte er immer wieder, dass sich die Frauen ganz nach der Gesellschaft Jesu auszurichten suchten. Er sah auch, dass sie Glück hatten. So wuchs in ihm die Sorge, das Institut werde in der Kirche Schaden anrichten. Daher kam es am 7. Juli 1628 zur Aufhebung des Instituts der englischen Jesuitinnen, die in der Propagandasitzung ausgesprochen wurde. Der Sekretär der Kongregation der Bischöfe und Regularen, Prospero Fagnano, riet dem Papst, mit einem starken Dokument dem neuen Unternehmen ein Ende zu setzen. So beauftragte Urban VIII. 1628 den Kardinalvikar Millini und den Propagandasekretär Francesco Ingoli mit der Vorbereitung einer päpstlichen Aufhebungsbulle. Eine solche Verlautbarung erschien dem Papst notwendig zu sein, um die beiden Fürsten von weiteren Unterstützungen dieses Instituts abzubringen. Der Tod von Kardinal Millini am 2. Oktober 1629 brachte wohl eine Unterbrechung in die Arbeit, falls die beiden Beauftragten überhaupt schon mit Vorbereitungen begonnen hatten. Auch mag die neue Anwesenheit Maria Wards in Rom einen Aufschub gebracht haben. Es gab ja auch Persönlichkeiten in Rom, die hofften, diese Maria Ward werde noch eine Änderung für ihr Institut treffen, so dass ihr Werk die päpstliche Anerkennung finden könne.

Nach den uns heute zugänglichen Dokumenten überzeugten den Papst endgültig der berühmte Brief der Generaloberin vom 6. April und die Absendung der Visitatorin nach Lüttich mit den gleichen Aufträgen, dass die totale Auflösung des Institutes nötig geworden sei. Nach der italienischen Vita soll Maria Ward schon im November 1630 erfahren haben, dass ein strenges Schreiben gegen ihr Institut vorbereitet werde; doch dürfte es sich wohl erst um den Entwurf gehandelt haben. Schon Ende September hatte der Kölner Nuntius, der die Lütticher Empörung der dortigen Gemeinschaft gegen die vollzogene Aufhebung aus nächster Nähe erfahren hatte, geschrieben, dass nur eine Bulle das wirksamste Mittel sei, um die englische Gründung für null und nichtig zu erklären. Carafa hatte seinen Brief an den Sekretär der Propaganda gerichtet, der längst ein bekannter Feind der Jesuiten und Jesuitinnen war.

Der Entwurf

Der Entwurf, der in der Manuskripten-Sammlung der Vatikanischen Bibliothek erhalten ist, dürfte relativ rasch zustande gekommen sein. Es ist anzunehmen, dass die 11 Punkte dieses Schreibens Mitte Dezember 1630 vorlagen. Der Bearbeiter hatte schon das eingetroffene Verhör einsehen können. Er dürfte zu Ingolis Nähe gehören, aber der Verfasser war nicht Ingoli: die Milde, die in dem Entwurf da und dort noch zu spüren ist, war nicht Sache des Sekretärs, wenn es um die Jesuitinnen ging. Auch der Name „Jesuitinnen" wäre nicht so sparsam verwendet worden, wenn Ingoli das Dokument bearbeitet hätte. Auch die Abneigung gegen diese Frauengründung, die in den Gutachten des Sekretärs so stark hervortrat, ist in dieser Arbeit nicht vollauf zu spüren. Der Bearbeiter hatte den Institutsplan Maria Wards 1621/2 an die Kongregation der Bischöfe und Regularen, die Schriften Ingolis gegen das Institut, außer dem Verhör auch Briefe des Kölner Nuntius Carafa sowie die wenigen Berichte des Weihbischofs von Trier zu seiner Information vor sich.

Was steht im Entwurf? Am Anfang der Charakteristika der englischen Gründung heißt es, dass die Frauen ein Institut der Gesellschaft Jesu angefangen hätten mit einziger Unterstellung unter den Papst. Diese alleinige Abhängigkeit vom Oberhaupt der Kirche müsse zu vielen Unstimmigkeiten führen, die dann unkorrigiert bleiben würden. Dann werden Besonderheiten angeführt, die sich die Frauen erlaubten: der religiöse Unterricht, die Abweisung der Klausur, der Ungehorsam gegen die Aufhebung und der Widerstand der Engländerinnen in Lüttich, zu dem die Visitatorin aufgerufen habe. Dann folgt eine scharfe Nichtigkeitserklärung für das Institut, Einzelbestimmungen für die Aufhebung, Strafanordnungen und Weisungen zur Durchführung dieses Dokuments.[1)]

Definitiver Text der Bulle

Der Entwurf, der im Archiv blieb, hatte nicht die Zielstrebigkeit, die auf das totale Verschwinden der Gründung hinzielte. Der Papst selbst und die mit ihm und für ihn an der Sache arbeiteten, befürchteten wohl, ein solcher Text würde die entscheidende Wirkung verfehlen, besonders jene, die den beiden Fürsten in Bayern und Wien zugedacht war. Ein neuer Text musste entstehen.

Das Datum:
In vielen Handschriften und Drucken steht als Datum der päpstlichen Fertigstellung der 13. Januar 1630. In feierlichen Schriften folgten die Päpste lange Zeit der florentinischen Datierung, nach der das neue Jahr am 25. März begann. So stammt nach unserer heutigen Zeitrechnung die endgültige Fertigstellung der Bulle vom 13. Januar 1631. Es war genau der Tag, an dem Winefrid Wigmore zu den Grauen Schwestern in ihre Gefangenschaft gebracht wurde. Das Original ist im Vat. Arch., AA. Arm. I - XVIII, 5565, erhalten.[2)]

Der Inhalt:
Das definitive Dokument trat mit Urteilsbegründungen hervor, wie sie auch in anderen päpstlichen Entscheidungen vorkommen, doch in diesem Papstschreiben fällt die strenge Abweisung und Verurteilung sehr stark auf. Mit diesem Text war es gelungen, genau das zu Papier zu bringen, was der Papst wollte. Vor Veröffentlichung der

Bulle wurde der Text dem Urteil der Kardinäle des Heiligen Offiziums vorgelegt und erhielt von allen die Zustimmung.
Zur definitiven Bearbeitung entschloss sich Urban VIII. wohl ziemlich rasch erst gegen Ende 1630, als die Lütticher Nachrichten in Rom vorlagen. Vielleicht hatte er auch den Vorschlag des Kölner Nuntius vom 15. November 1630 an den Sekretär Ingoli vor sich, in dessen Sommario hieß es: „Man wird tatsächlich die Jesuitinnen nicht aufheben, wenn unser Herr nicht eine Bolla Generale herausgibt, mit der er ihr Institut für null und nichtig und irrig erklärt; nur auf diese Weise werde man die Protektion der Fürsten, besonders des Kaisers und des Herzogs von Bayern, beseitigen".[3)]

Die Bulle enthält 10 Paragraphen:

§§ 1-3: Der Papst legt drei Gründe dar für die Herausgabe der Bulle:
- a) Er beruft sich auf zwei Konzilien, die die Gründung neuer Orden verboten.
- b) Diese Frauen haben eine Ordensgemeinschaft mit Kollegien und Probationshäusern gegründet ohne päpstliche Genehmigung; sie haben ein Ordenskleid angenommen, in die Hände der Generaloberin Gelübde abgelegt und sich keiner Klausur unterworfen, die durch das Konzil von Trient und Papst Pius V. vorgeschrieben ist.
- c) In Lüttich haben sie sich der angeordneten Aufhebung widersetzt.

§§ 4-6: Die Bestimmungen für die Aufhebung werden festgelegt.

§§ 7-10: Für die Verkündigung der Bulle werden Anordnungen getroffen.

Die Gründe des Papstes für die Veröffentlichung der Bulle kommen im Text in folgenden Punkten zur Sprache:

1. Die Jungfrauen gründeten gegen das Kirchenrecht ohne päpstliche

Approbation ein Institut als Ordensstand mit Gemeinschaftsleben, mit Oberinnen und einer Generaloberin, mit Tragen eines Habits;
2. sie widersetzten sich der Klausur;
3. unter dem Vorwand für das Heil der Mitmenschen zu arbeiten, unternahmen sie vielerlei, was der weiblichen Schwäche, der Bescheidenheit und jungfräulichen Schamhaftigkeit nicht zustehe;
4. sie führten im Ungehorsam gegen die Ermahnungen des heiligen Stuhls ihr Vorhaben unter Gefahren und Skandalen durch und waren dem Nuntius in Lüttich ungehorsam;
5. sie schämten sich nicht, vieles vorzubringen, was der gesunden Lehre der Kirche widerspricht.

Die fünf Punkte für die feierliche Aufhebung finden sich inhaltlich auch in Ingolis Beschwerdeliste, dem Gutachten vom 22. November 1630, wie schon P. Joseph Grisar S. J. feststellte. Doch sind die einzelnen Punkte in der Bulle ein wenig milder formuliert als in Ingolis Schrift.

Die Aufhebung bedeutet: Auflösung der Häuser des Instituts, Annullierung der Gelübde, abgesehen u. U. vom Keuschheitsgelübde, Ungültigkeitserklärung jeder Leitungsform, Verbot des gemeinsamen Wohnens, des Zusammenkommens zu geistlichen Zwecken sowie des Tragens des bisherigen Habits. Von den Gelübden, die in der Hoffnung auf die Bestätigung des Instituts abgelegt worden seien, sind die Schwestern frei. Wurden die Gelübde absolut abgelegt, können die Betreffenden unter dem Gehorsam des Ordinarius ihre Güter zwar gebrauchen, nicht aber besitzen und als einzelne leben, wenn sie nicht in einen bestätigten Orden eintreten.

Der wortreiche Barockstil wird in dem Dokument noch angereichert; so lassen sich im § 4 nicht genug Verben finden für die Ausrottung: die schädliche Pflanze muss ausgerissen werden: wir beschließen, entscheiden, wir unterdrücken, wir löschen aus, rotten aus, he-

ben auf, wollen und befehlen, dass dieses Institut für unterdrückt, ausgelöscht, zerstört und für aufgehoben gehalten und angesehen wird. Wer Aufhebungsdokumente früherer Päpste mit dieser Bulle vergleicht, dem fällt die Heftigkeit der Sprache auf. In den früheren Papstdokumenten herrschte auch bei aller Strenge doch noch eine größere Objektivität; und da und dort steht auch ein milderes Wort. In dieser Bulle handelte es sich um eine relativ nicht allzu große Gruppe von Frauen, die aus einem Land der Verfolgung kamen und die den Papst wiederholt um die Approbation ihres Instituts gebeten hatten. An manchen Stellen kann man den Eindruck gewinnen, dass sich ein Unwillen gegen die Jungfrauen bemerkbar macht, die gleichsam als Rebellinnen angesehen wurden. Man kann sich wieder fragen, wie eine solche Abwehrhaltung zustande kam. Sicher blieb das Beharrungsvermögen einer Frau für Urban VIII. unverständlich. Dennoch muss Maria auch immer wieder Freundlichkeiten erfahren haben, wenn sie auch gewiss eine spürbare Reserviertheit verspürte. Sie meinte wohl noch, sie werde wegen der notwendigen Werke, der Mädchenerziehung und einer religiösen Hilfe für den Glauben in England, doch noch die Approbation erlangen.
Die Bulle wird unter jeder Hinsicht als außerordentlich hart bezeichnet; das gilt für den Inhalt wie für die Wahl der Worte und Wendungen. So z. B. wenn es heißt, solche Pflanzen seien mitsamt der Wurzel auszureißen. Positiv ist anzuerkennen, dass keine Anklagen und Verleumdungen aufgenommen wurden, die von den englischen Weltpriestern, 1622, 1624 und 1629 an Francesco Ingoli gelangt waren und durch dessen „Pareri" für die Propagandasitzungen auch verlesen wurden. Sicher wusste der Bearbeiter der Bulle wie auch Urban VIII., dass diese Vorwürfe nie geprüft worden waren. Auch fällt Maria Wards Name nicht in der Bulle. Es ist nur die Rede von den Jesuitinnen. Doch wurde in den einzelnen Ländern rasch bekannt, dass die Bulle die englischen Jesuitinnen betreffe.

Veröffentlichung der Bulle

In Rom erfolgte die Veröffentlichung am 31. Mai 1631. Im Juni sandte das Heilige Offizium die Bulle an die Nuntien in Neapel und Paris, Brüssel, Köln und Wien zur Durchführung; die Nuntien sorgten für die Übersetzungen in die Volkssprachen und für die Übersendung an die Bischöfe ihrer Distrikte. Die genannten Nuntien meldeten in Rom die Ankunft der Bulle: der von Neapel am 28. Juni, der von Köln am 11. Juli, der von Wien am 12. Juli, der von Brüssel am 19. Juli und der von Paris am 22. Juli. Der Pariser Nuntius äußerte nach dem Eintreffen des päpstlichen Schreibens seine Unkenntnis über ein Jesuitinneninstitut in seinem Gebiet, versprach aber Erkundigungen und das Bekanntmachen des Dokuments.[4)]

Maria Ward und ihre Gefährtinnen wurden mit der Bulle tief getroffen. Doch unterwarf sich die Gründerin mit ihren Gefährtinnen der harten Verurteilung des Papstes; sie nahmen auf sich die landweite Schmähung, den totalen Ehrverlust. Die Bulle erreichte ja alle Gebiete, in denen die Gründerin bekannt war. In Rom wurde die Bulle an die Tore der zwei Hauptkirchen St. Peter und dem Lateran angeschlagen, auch an der römischen Kanzlei und auf dem Campo dei Fiori, dem Blumenmarkt, wo die angeblichen Missetäter hingerichtet wurden. Von Maria Ward kam nirgends ein Widerstand. Auch die Verkündigung in München verlief völlig ruhig. In dieser trostlosen Situation hielt sie sich an ihr Gottvertrauen und an ihre Unterwerfung unter Papst und Kirche. Auch blieb sie für die, welche mit ihr weitergingen, eine Mutter, die für die Ihrigen da war und tat, was ihr möglich war. Die Bulle war ein großes Unglück für alle, für die, welche bei Maria Ward blieben, und sicher auch für die, die sich von ihr getrennt hatten. Die in Rom, München, Lüttich noch zusammenlebten, mussten befürchten, dass sie sich trennen müssten: das war das Problem der nächsten Zukunft.

Urban VIII. hatte sein Ziel erreicht. Er konnte sein Vorgehen mit kirchlichen Traditionen und Gesetzen rechtfertigen. Doch ein objektives Urteil über die konkrete Lage dieser englischen Frauen, ein Verständnis für ihr Vorhaben, auch wenn die Formen ihrer Tätigkeit, die sie gewählt hatten, den damaligen Canones und dem allgemeinen Kirchenverständnis nicht entsprachen, ist nirgends zu finden. Ein Verhör hatte nicht stattgefunden.

Es folgen einige Urteile über die Bulle in Werken, die dem Institut gewidmet waren.
Einige Autoren befassten sich mit ihr. Im frühen 18. Jahrhundert ist bei Markus Fridl in der Englischen Tugend-Schul, Augsburg 1732, zu lesen:
„Nun stehet jetzt die Frau Maria Ward, welche dises H. Urtheil fast am meisten angienge, wie man zu sagen pflegt, zwischen Thür und Angel, oder wie der Lateiner sagt, inter Sacrum et Saxum. Jetzt muß sich zeigen, wer sie seye. Gehet sie in der Still ihrem Engelland zu, und schrauffet sich dem Ober-Gewalt der Römischen Kirchen aus den Händen, so haben ihre Widersacher recht: sie ist verdächtig wegen des Glaubens. Allein ihre Verfolger haben sich betrogen. Dann Maria zeiget jetzt mit einer gantz unwidersprechlichen Prob, dass sie best Römisch Katholisch seye. Allermassen niemand einen besseren Beweißthum seines recht Römischen Glaubens machen kann, als wann er Rom anbettet, auch da es mit Donner darein schlagt. Dises aber hat die fromme Frau Maria auf eine so vollkommene Weiß gethan, dass der Römische Stuhl, Seine Päbstliche Heiligkeit selbst, und die Cardinäl mehrer nicht verlangt, wie es der Erfolg geben wird.“ [5)]
Der schwäbische Pfarrer nahm den Text der Bulle nicht in sein Werk auf, obwohl er sonst sehr viel Wert auf Dokumente legte und auch schon viele wörtlich anführte. Er hatte wegen seines Werkes genug zu leiden. Beide Bände kamen 1751 auf den Index und blieben darin bis 1928.

Im 19. Jahrhundert war der Priester der Passauer Diözese, Jakob Leitner, für sein Werk sehr auf Dokumente bedacht. Im 4. Buch seines Werkes, „Geschichte der englischen Fräulein und ihrer Institute", Regensburg 1869, bringt Leitner im Urkundenteil 57 Urkunden; Beilage 14, Seite 761 bis 767 steht der lateinische Text der Bulle, die kurze Zusammenfassung findet sich Seite 57 bis 59. Es ist die erste Veröffentlichung, wenn auch in lateinischer Sprache, die die Mitglieder lesen konnten. In seinen Textausführungen Seite 59/60 ist das Urteil über die Bulle zu lesen.

„So war das Institut der Frau Maria Ward aufgehoben, der Baum im Weinberge Gottes, der eine Zeit lang so viele Früchte versprach, bis auf die Wurzel abgehauen worden, und zwar von einem milden Vater und nicht ohne Verschulden seiner Pflanzerin. Was so oft eintritt, dass ein Vorzug des Charakters so leicht auch ein Fehler werden kann, scheint auch ihr bitter mitgespielt zu haben; ihr Selbstgefühl, so gut, wo die Umstände Selbstvertrauen und sicheres Auftreten erheischen, konnte jene Bescheidenheit und jene Unterwürfigkeit und kindliche Gelehrigkeit nicht finden, die sie hier dem höchsten Richter und Vater der Gläubigen gegenüber dringend bedurft hätte. Aber indem Gott dieses in seinen Rathschlüssen zuließ, gestattete er nicht die Austilgung ihres Gedankens, ihrer Idee. Dieselbe bewährte vielmehr auch hier ihre Obmacht über den Sinn der Menschen; und eben dieselbe heilige und sorgsame Kirche, welche das Unkraut von dem guten Weizen sondert, hatte selbe bereits wie ein kostbares Körnlein in ihren Garten aufgenommen. Nicht minder waren auch die Herzen und Hände schon bereit, welche das neue Pflänzlein pflegen mochten. Aber Marien's Institut, die Jesuitinen, waren mit dieser Bulle sicher getroffen und vollständig vernichtet." [6)]

Was in diesen Worten mitschwingt, findet sich auch in den Schriften von Mitgliedern im 19. Jahrhundert, die ja wegen der Bulle immer wieder von den Bischöfen stärker ins Auge gefasst wurden als andere Frauenkongregationen.

Es sind hier zwei verschiedene Sichten auf Maria Ward in ihrer Bedrängnis durch die Bulle vorgestellt. Der schwäbische Pfarrer sah, wie unheimlich schwer Maria Ward getroffen war, wie sie ihre Lage bestand und ihr nicht auswich. Der Priester Leitner sah Maria Ward auch in ihrer Größe, aber ihm fehlte es an ihrer „Bescheidenheit und Glaubwürdigkeit", deren sie in ihrer schwierigen Lage bedurft hätte. Aber die sorgsame Kirche habe dann trotzdem noch einen Samen für die Zukunft klein weiterwachsen lassen.

Im 20. Jahrhundert bringt Elizabeth Chambers zwar ein Kapitel unter dem Titel „die Bulle des Papstes Urban". Auf das Dokument selbst geht die Verfasserin ganz wenig ein. Der hauptsächliche Satz lautet: „Der in der Bulle enthaltene Urteilsspruch ist in den strengsten Ausdrücken abgefasst." 7) Es fehlten der Verfasserin für ihr wichtiges Werk, in dem sie sich an vorliegende und von ihr gesammelte Dokumente gebunden fühlte, doch notwendige Unterlagen; auch kam es aus Rücksicht auf ihre Schwestern gelegentlich zu sanfteren Auslegungen, als die rauen, wirklichen Tatsachen es erlauben konnten. Dennoch sind die beiden Bände von Chambers bis heute das wirksamste Buch für die Orientierung über Maria Ward geblieben.

Henriette Peters IBMV konnte in ihrer großen Maria-Ward-Biographie zur Orientierung über Maria Wards äußeren und inneren Weg viel Licht in das ereignisreiche Leben bringen; sie hatte andere Voraussetzungen als die früheren Autoren. Ihr stand die gesamte Dokumentation zur Verfügung, die für den Seligsprechungsprozess vorbereitet war. Sie brachte eine Zusammenfassung über den Inhalt der Bulle. Ihr erster Absatz enthält schon die Charakteristik und das Urteil der Autorin:
„Urban VIII. formulierte das Schriftstück zur Aufhebung des Instituts mit ungemein scharfen Worten. Nicht nur inhaltlich, sondern vor allem sprachlich wirkt der Text dieser Bulle vernichtend. ... Als Pater

familias, so heißt es in der allgemeinen Begründung zu den Bestimmungen, sei dem Papst die Sorge für die Kirche anvertraut worden, und es gehöre zu seinen schwersten Pflichten, den Weinberg des Herrn vor unberufenen Arbeitern zu schützen. Diese wollen ja die gute Saat vernichten, indem sie Unkraut säen, das die Pflanzungen überwuchert. Hier ist schon die Grundstimmung des Schriftstücks angegeben: Zizania, loglio (Unkraut, Lolch), Unkraut soll aus der Kirche entfernt werden." [8]

Wie Pater Grisar die Lage sah, in die Maria Ward mit der Bulle geraten war, steht am Schluss seines Werkes „Maria Wards Institut vor römischen Kongregationen (1616 – 1630)", das leider nur sehr wenige Leserinnen und Leser gefunden hat. Er geht nicht mehr auf die Bulle selbst ein, obwohl sein Schlusswort erkennen lässt, wie er die Bulle einschätzte für das Institut Maria Wards.
„Man könnte die Frage stellen, ob dieser Ausgang – der Untergang des ganzen ersten Instituts – nicht die so feste Überzeugung Maria Wards einer Täuschung überführe. Eine Schlussfolgerung in solchem Umfang wäre voreilig; denn die Gründung der Engländerin endigte nicht mit der Katastrophe der Jahre 1630 und 1631. Ihr Institut musste durch das dunkle Tal der Verwerfung und eines scheinbar hoffnungslosen Untergangs hindurchgehen, um von dort zu einer neuen Form zu erstehen, sich weiter zu entwickeln und eine Gestalt anzunehmen, die das Wesentliche aus dem Werk der Engländerin festgehalten hat und Vorbild für viele andere Gründungen geworden ist. Damit hat das Institut Maria Wards aber auch Wandlungen erfahren, die ihm zum Vorteil gereichten, und manches aufgegeben, was zum Untergang des ersten Werkes beigetragen hatte." [9]

X.
Die englischen und andere Jesuitinnen

Die englischen Jesuitinnen waren aufgehoben. Die Bulle hatte dem Institut das Siegel für sein Ende aufgedrückt. Die Jesuitinnen hatten wegen der Verweigerung der Klausur und ihrer neuen Lebensform die Aufmerksamkeit auf sich gezogen und sich dem Gebot der Abgeschlossenheit nicht gefügt. Dass aber viele kleine Gemeinschaften eine gleiche oder ähnliche Richtung einschlugen, wurde in Rom allmählich auch bekannt. Doch keine dieser Gründungen machte sich auf den Weg nach Rom, um die Bestätigung zu erbitten. Die Mitglieder waren und blieben in ihrem eigenen Land, standen unter der Protektion der Jesuiten oder der Bischöfe. Nun wurden im Heiligen Offizium zwei Orte bekannt, von denen weitere Pflanzstätten ausgehen könnten. Da scheint sich in Rom eine Befürchtung gebildet zu haben.

1. Perugia hatte zu den drei italienischen Gründungen gehört, die Maria Ward in raschem Tempo und auch mit unzureichenden Hilfskräften 1623 und 1624 aufzubauen suchte. Am 23. Juli 1624 schrieb sie an Winefrid Wigmore, dass sie Joyce Vaux als Oberin in Perugia einsetzen wolle.[1)] Sie führte dies Vorhaben auch aus. Aber so schnell wie sie für die Gründungen die Erlaubnis erhalten hatte, so schnell kamen vom neu gewählten Urban VIII. die Verbote für die drei Gründungen in Italien. Die Aufhebung in Perugia scheint sich wie von selbst vollzogen zu haben; von Ende 1625 ab bestand dort keine Niederlassung mehr. Elizabeth Keyes wurde nach Rom versetzt. Von den paar anderen Gefährtinnen ist nichts bekannt. Die Oberin Joyce Vaux, Tochter aus altem, katholischem Adel, trennte sich vom Institut, blieb aber in Perugia.

Auf ihre Anwesenheit scheint man in Rom im Jahr 1629 aufmerksam geworden zu sein. Warum man ihr von der Propaganda fünf Aussagen von englischen Weltpriestern und ähnliches vorlegte und ob sie darauf geantwortet habe, wäre heute noch zu erforschen.[2)]
An der Propaganda und am Heiligen Offizium wusste man nun, dass in Perugia eine englische Jesuitin lebte. War sie als gefährlich angesehen? Jedenfalls verlangten die Kardinäle der Inquisition am 22. Januar 1631 in ihrer Sitzung im Kloster Santa Maria supra Minervam vom Inquisitor Francesco Galasini Informationen über Joyce, wo sie wohne, wem sie beichte, unter wessen Protektion sie stehe, ob sie Briefe von Auswärtigen empfange; wenn ja, sollten solche durch den Postmeister beigebracht und auf ihren Inhalt geprüft werden; sollte Joyce in Perugia nicht gefunden werden, forsche man nach, wohin sie gereist sei, und gebe Nachricht.[3)]
Die folgenden Dokumente aus dem Archiv der Inquisition bringen einige Aufschlüsse. Galasini teilte am 1. Februar mit, dass Vaux sich in Perugia im Kloster Santa Caterina aufgehalten habe und nach England abgereist sei, nachdem sie vom General der Jesuiten kein neues Jesuitinneninstitut habe erlangen können, wie Galasini von einem Jesuiten in Perugia erfahren habe. Solche Frauen gebe es in Rom und Neapel, in Lüttich und in München. Er werde für weitere Nachrichten sorgen. War vielleicht ein solcher Plan für ein neues Institut das Warnsignal für die Kurie in Rom?[4)]
Am 8. Februar sandte der Inquisitor die Kopie eines Briefes von dem Engländer Edoardo Shinero aus Rom an eine Dame in Perugia, beide im Freundeskreis der Joyce, dazu auch einen ausführlichen Bericht. Der Brief des Edoardo Shinero handelt von der Reise der Joyce und ihrer Ankunft in Paris und England, von Mutter und Bruder herzlich aufgenommen.[5)]
Der Bericht vom Januar 1631 bringt einige Angaben über das Leben der Engländerin in Perugia. In England habe sie von Damen gehört, die zu Klostergründungen nach Italien gehen wollten; denen habe

sie sich angeschlossen. So sei sie nach Perugia gekommen. Nur kurze Zeit habe sie dem Institut angehört, von dem sie sich getrennt habe, als sie mit der führenden Dame der Gesellschaft in Schwierigkeiten geraten sei. Von da an habe sie fünf Jahre im Kloster Santa Caterina gelebt. Sie habe Näh- und Handarbeiten gemacht und sich an die geistlichen Übungen des Klosters gehalten. Mit ihrem Verwandten Shinero habe sie wegen der Geldsendungen von ihrer Familie für den Unterhalt im Kloster verhandelt. Als das Geld von der Familie nicht mehr eintraf, habe sie ihre Rückkehr in die Heimat gewünscht.[6)]
Nach diesen Ergebnissen waren keine weiteren Gefahren mehr von dieser englischen ehemaligen Jesuitin zu befürchten. Die kurze Verhandlung zeigt, wie sorgsam die Spuren der Engländerinnen beachtet und verfolgt wurden. Man traute wohl der Tatkraft einer einzelnen solchen Frau die Fortführung des Werkes zu, auch wenn sie nicht mehr im ursprünglichen Institut stand oder in Verbindung mit den Gefährtinnen.

2. Die Nachforschungen in Perugia hatten ein schnelles Ende mit der Sicherheit, dass Joyce Vaux in England weilte. Zur gleichen Zeit, wie das Dekret an den Inquisitor von Perugia gegangen war, verlangten die Kardinäle in ihrer Sitzung vom 29. Januar 1631 von dem Neapolitanischen Generalinquisitor Giacinto Petronius O.P., Bischof von Molphetta, ebenfalls genaue Nachrichten.[7)] Es sei zu berichten, wo Anna, die Jesuitin in Neapel, wohne, unter welchem Schutz sie stehe, wem sie beichte, ob sie Briefe von Auswärtigen erhalte; wenn ja, seien sie aufzufangen, nach ihrem Inhalt zu prüfen und der Kongregation zu berichten.
Am 22. Februar sandte der Generalinquisitor eine erste Antwort. In Neapel lebe eine Jesuitin Anna, von der einige andere Frauen abhängen würden; auch übersandte er einen Bericht und erklärte sich bereit, die Briefe abzufangen und den Briefverkehr der Anna zu überwachen.[8)]

Der ziemlich lange Bericht bringt etliche Angaben über die Geschichte des Institutshauses in Neapel. Vor neun Jahren hätten zwei Engländerinnen eine Niederlassung in Neapel gegründet (es war vor ca. acht Jahren, 1623); drei weitere Frauen seien nachgekommen. Sie hätten in Tagesschule und Internat Grammatik, Handarbeit und anderes unterrichtet, fähigeren Schülerinnen auch Philosophie und Theologie gelehrt.
Der Berichterstatter geht dann auf Einzelheiten ein über Leitung des Hauses, Aufnahme von Neapolitanerinnen, die verlangte Mitgift, die Kleidung, den Namen der Niederlassung: Namen Jesu; ihre Wohnung sei nahe der Kirche Spirito Santo; sie hätten keine Klausur, gingen zu zweit aus und würden in andere Niederlassungen versetzt. Gegenwärtig, also Februar 1631, gehörten der Gemeinschaft 13 Personen an. Der Kardinal habe an ihrem Haus das Verbot anschlagen lassen, keine Schülerinnen mehr aufzunehmen, was befolgt worden sei, bis auf das Drängen von adeligen neapolitanischen Damen mit Genehmigung des Kardinals Mädchen wieder die Schule besuchten. Weiter wurde gemeldet, dass die Frauen den heiligen Thomas in englischer, flämischer und deutscher Übersetzung studierten und was noch schlechter sei: sie hätten verboten, den Beichtvätern etwas von den Verboten mitzuteilen, die sie, die Engländerinnen, ihren Gefährtinnen und Schülerinnen auferlegten. Bis 1629 seien sie unter Leitung und Betreuung von Pater Corcione S. J. gestanden; dann seien zwei andere Jesuiten ihre Beichtväter gewesen. Schließlich habe man gehört, die Engländerinnen stünden gut beim Papst, er habe ihr Institut bestätigt.[9)]
Nach Einsicht in die eingelaufene Post aus Neapel verlangte der Papst am 6. März weitere Beobachtung der Jesuitinnen in Neapel und Einsicht in die abgefangenen Briefe; außerdem sei mit dem Nuntius von Neapel zu verhandeln, damit dieser sich mit dem Vizekönig für die Ausrottung des verbotenen Instituts einsetze.[10)]

Ende des Monats, am 25. März, meldete sich Nuntius Henricus de Herrera bei Kardinal St. Onofrio und teilte ihm mit, dass er mit Kardinal Buoncompagni verhandelt habe; schon früher habe dieser Verbote erteilt und sei des Gehorsams der Frauen sicher gewesen; doch hätten sie ohne seine Erlaubnis eine aufgenommen; jetzt seien sieben im Hause. Nach seiner Unterredung mit dem Kardinal habe er wieder versucht, die Frauen zur Ausreise zu bringen, aber im Blick auf ihre Armut habe er keine Härte anwenden wollen; er warte auf eine Anordnung und verweise auf die 6 Frauen aus Flandern, die gerne dorthin zurückkehren würden, wenn sie für ihre Reise die notwendige Unterstützung bekämen.[11)]

In der Sitzung vom 3. April verlangte der Papst Aufklärung über die verschiedenen Nachrichten vom Vorgehen des Kardinals Buoncompagni und vom Generalinquisitor, der schrieb, dass in Neapel Mädchen wieder Aufnahme fänden.[12)]

Zwei Tage später teilte Petronius das Ergebnis seiner Nachforschung über den Postempfang der Jesuitinnen mit; sie würden ihre Briefe über die Post der Jesuiten erhalten; was das Abfangen der Briefe betreffe, habe er geheim erfahren, dass die Engländerinnen gewöhnlich vom Pater General der Gesellschaft Jesu ihre Briefe aus England erhielten; aber den Jesuitennamen, unter dem die Briefe einträfen, könne er nicht herausbringen; denn die Schreiben seien im Postpack der Patres enthalten. Das alles habe er von seinem Mitbruder Thomas Torres O.P. erfahren, der seine Nachrichten von seiner eigenen Schwester und von anderen Frauen, die mit den Engländerinnen vertraut seien, erhalten habe.[13)]

Darauf verlangte der Papst in der Sitzung am 10. April, dass Fra Petronius weiter zu erfahren suche, unter welchem Namen die Briefe gesendet würden, damit der Inhalt der abgefangenen Schreiben geprüft werde, ob sie etwas zum Heiligen Offizium Gehöriges enthielten.[14)]

Am 19. April übersandte der Inquisitor einen Bericht seines Mitbruders Thomas Torres an Kardinal St. Onofrio. Der Inquisitor meldete, er habe von Fra Torres erfahren, der Kardinal habe den Frauen die Aufnahme von Mädchen zur Erziehung gestattet, wie auch dem Bericht von Torres zu entnehmen sei.

Der Kardinal Buoncompagni habe, – so der Bericht – im Oktober 1628 die Schließung der Niederlassung angeordnet; die an der Haustüre angeschlagene Verfügung habe Pater Corcione entfernen lassen, da sonst die Mädchen weggeschickt worden wären zum großen Leidwesen im Haus. Viel Gerede sei umgegangen, weil die Mädchen (wahrscheinlich ins Institut aufgenommene Schwestern) gegen ihren Willen nach Rom und an andere Orte geschickt worden seien und weil es an tüchtigen Lehrerinnen fehle. Hundert Mädchen seien fortgeschickt worden und im folgenden Jahr aus diesem Haus fortgegangen; die Lehrerinnen hätten anderswo gewohnt. Doch dann sei das von Rom angeordnete Verbot des Kardinals wegen des Drängens vieler Damen rückgängig gemacht worden. Einige Namen sind im Bericht aufgezählt. Im Haus seien nur wenige Schülerinnen Tag und Nacht verblieben.[15)]

Am 28. Juni 1631 versprach der Nuntius von Neapel Nicolò de Herrera, den Bischöfen der Region Neapel die Aufhebungsbulle bekannt zu machen; er wolle die Jesuitinnen in Neapel überwachen, damit sie nichts Neues entgegen den Anordnungen beginnen könnten.[16)]

Von Jesuitinnen in Neapel liegen nun keine weiteren Nachrichten mehr vor. Die Meldungen aus Süditalien, aus Atri, vom 19. Dezember 1631, bringen keine Nachrichten, mit denen sich das Heilige Offizium hätte befassen können. Da die Eigenart dieser Jesuitinnen nichts mit den englischen Frauen und den anderen Jesuitinnen dieser Art zu tun hat, stellten sie also keine weitere Gefahr dar. Die Beunruhigung wegen der zwei Kölner Jesuitinnen, die in Luxemburg ein Haus gründen wollten, war durch die Vermittlung von Nuntius Carafa gebannt worden.

3. Es gibt aber noch Gemeinschaften, auf die der Brüsseler Nuntius Fabio de Lagonissa in seinem Schreiben vom 10. Januar 1632 hinwies. Schon in der zweiten Jahreshälfte von 1631, als die Bulle bekannt wurde, hatte die Inquisition erfahren, dass in flandrischen Städten, am Rhein, besonders in Köln, Frauengemeinschaften als Jesuitinnen bekannt seien und unter Schutz und Leitung der Patres der Gesellschaft Jesu lebten. Der Hofarzt von Brüssel, der Italiener Andrea Trevigi (1545/1633), hatte bereits der Kurie seine Sammlungen von Skandalen und Verleumdungen über diese Frauen zugesandt. Er war auch ein verbissener Gegner der Gesellschaft Jesu. Der englische Autor Peter Guilday hatte in seinem Artikel „The Institute of the Blessed Virgin Mary" angenommen, Trevigi's Briefe seien die Triebfeder gewesen, dass Urban VIII. die Bulle herausgegeben habe.[17)] Aber auch dieser englische Autor stand noch vor den verschlossenen Archivschränken des Vatikans. Denn erst nach Veröffentlichung der Bulle begann Trevigi mit intensiven Briefsendungen an die Propaganda und besonders an Francesco Ingoli. Der Arzt belastete die Jesuitinnen wie auch die Jesuiten. Was trieb jetzt die Wellen hoch? Es war die große Sorge des Arztes, die Bulle schließe die flandrischen und die rheinischen Jesuitinnen nicht ein; besonders befasste er sich mit angeblichen Behauptungen der Jesuiten in Schrift und Predigt, diese Gemeinschaften seien nicht eingeschlossen und auch nicht einzuschließen. Trevigi endete seinen Brief vom 11. September 1631 mit dem Satz: die so genannte Bulle werde mehr Skandal als Heilmittel sein, wenn man nicht jedes Kolleg, jede Kongregation und jede Schule von Jungfrauen verbiete, in denen Jesuitinnen Schule hielten; sei es doch nicht notwendig, dass man Klassen und Schulen brauche, um Mädchen und Frauen zu unterrichten.

Ingoli, mit Trevigi's Schreiben am besten vertraut, schrieb für die Propaganda-Sitzung vom 11. September eine Vorbereitung: die Bulle spreche nur von den englischen Jesuitinnen; daher hätten die Jesuiten recht, wenn sie verbreiteten, die belgischen Genossenschaften seien

nicht in die Bulle eingeschlossen. Doch habe der Papst für diese Frage eine Partikularkongregation bestellt, die schon zum Entschluss gekommen sei, dass auch die belgischen Jesuitinnen verboten werden müssten, wie es für die englischen geschehen sei. Ungewiss sei, ob Visitation oder Reform helfen könnten, außer ein solches Institut erreiche wirklich die Approbation.[18)]
Vor der Sitzung vom 11. September war auch schon Trevigi's Schreiben vom 14. August in Rom eingetroffen, das von der Propaganda der Inquisition übergeben wurde. Es mag am Heiligen Offizium nicht allgemein bekannt gewesen sein, dass in Flandern, z. B. in Mons, Maubeuge, Ath, auch Brüssel und Köln, so viele Gemeinschaften von Jesuitinnen bestünden; die Jesuiten würden in den Predigten behaupten, die Bulle schließe nur die Jesuitinnen in Niederdeutschland und von Lüttich ein. Doch gehöre der Erzbischof von Cambrai wie die Jesuiten zu den Patronen der flandrischen Gründungen. Dass da die Bulle nicht auch für diese Gruppen durchgeführt werde, lastete der Briefschreiber dem Brüsseler Nuntius an, während der Papstvertreter in Köln und Lüttich seine Pflicht erfüllt habe. Daher müsse nun der Papst jedes Kolleg, jede Kongregation und Schule dieser Frauen fortschaffen und den Jesuitinnen jede Zusammenkunft verbieten lassen.[19)]
Dieses Schreiben lag dem Papst in der Sitzung vom 11. September vor. Der Papst ließ das Trevigi-Schreiben vom 14. August ohne Namensnennung des Autors an die Nuntien in Köln und Brüssel senden, damit sie sich über den Inhalt informieren und nachforschen sollten, ob es in jenen Gegenden andere Fraueninstitute mit Gelübden gebe, ob diese Jesuitinneninstitute der Engländerinnen seien, von wem sie geleitet würden; darüber sei zu berichten.[20)]

Man mag sich fragen, ob und was Maria Ward von dieser ganzen Bewegung gehört hatte. In den Schreiben der Inquisition liegt darüber nichts vor. Maria lebte damals in München und Rom. Die guten

Beziehungen der Elizabeth Keyes in Rom zu hohen Persönlichkeiten lassen vermuten, dass Maria auch von diesem neuen Kapitel der Jesuitinnengeschichte hörte, mit dem sich nun das Heilige Offizium befasste. Es kamen ja immer wieder Vergleiche und Beziehungen zu den englischen Jesuitinnen auf.

Im Schreiben vom 23. September brachte Trevigi vor, was er von einer Engländerin erfahren hatte, die Jesuitinnen in Deutschland und Rom seien unter der Leitung der Jesuiten gestanden; diese aber verbreiteten jetzt, sie seien die Urheber der Bulle gegen die englischen Jesuitinnen; und jetzt würden die Jesuiten die belgischen Jesuitinnen sogar in der Predigt zu beschützen suchen mit der Behauptung, diese seien nicht in die Bulle eingeschlossen; so verstünden die Jesuiten Steine zu versetzen, dabei aber die Hände zu verbergen.

Am 25. September lag wieder ein Trevigi-Brief vom 29. August in der Sitzung des Heiligen Offiziums. Wieder ließ der Papst das Schreiben an die Nuntien senden zur Beschaffung von Informationen; inzwischen werde in Rom über die Erweiterung der Aufhebung auf alle Jesuitinnen beraten.[21)]

Am 9. Oktober schrieb Trevigi, ein Lütticher habe ihm von der Rückkehr der englischen Jesuitinnen in ihr früheres Haus in Lüttich berichtet; so befürchte er die Weiterführung des vom Papst verbotenen Instituts; die Jungfrauen würden keinen Unterricht mehr erteilen, was sie ja aufgrund des Breves nicht mehr dürften (dies allerdings ist aus dem Text der Bulle nicht zu belegen); die Engländerinnen würden als Privatpersonen unter dem Bischof leben; das aber werde zur Folge haben, dass sie wieder kämen. Ebenso habe ihm der Lütticher gesagt, der Herzog von Bayern werde das Breve in seinem Land nicht durchführen lassen; auch habe der Fürst die ansehnliche Geldsumme von 20.000 pataconi den von Lüttich nach München abziehenden Jesuitinnen gegeben. Von einem Weggang der Engländerinnen aus Lüttich ist sonst nirgends die Rede; ein Wegzug aufgrund eines Befehls war auch nicht erfolgt. Nur Winefrid Wigmore verließ nach der

Sommerhitze von 1632 mit einer Gefährtin, wahrscheinlich Catherine Smith, die Stadt Lüttich, um nach Rom zu gehen.

Der Kölner Nuntius, der auch Informationen über die Trevigi-Briefe beibringen sollte, meldete sich am 17. Oktober 1631 bei Kardinal St. Onofrio, er könne in der Frage der Einbeziehung der flandrischen Jesuitinnen in die Bulle nichts tun, da es solche Gründungen in seinem Amtsbezirk nicht gebe.[22)]

Aufs neue kam am 11. Dezember die flandrische und damit wohl auch die englische Jesuitinnenfrage wieder in die Sitzung. Wohl lag der Brief von Trevigi vom 17. November vor (im Dekret unleserlich); auch dieses Schreiben muss voll Hass gegen die Gesellschaft Jesu und mit Verleumdungen gegen die Jesuitinnen überladen gewesen sein. Wieder sollte der Brüsseler Nuntius Informationen besorgen.[23)]

Vor dem 15. November trafen die elf Artikel der flandrischen Jesuiten bei Ingoli ein; Trevigi schrieb lange Bemerkungen an die Seite der einzelnen Punkte. Der Sekretär übergab das Schreiben dem Assessor des Heiligen Offiziums. Es war die Eingabe der Jesuiten, die von der Universität Douai ein Urteil erwarteten in dem Sinn, dass die flandrischen Jesuitinnen nicht in die Bulle gegen die englischen Frauen eingeschlossen seien. Die elf Punkte des Jesuitenpapiers sind die folgenden; darin werden die flandrischen Jesuitinnen immer zu den englischen Frauen in Gegensatz gebracht. Für die Patres war es eine Verteidigung ihrer flandrischen Gründungen.

1. Die flandrischen Jesuitinnen nennen sich nicht Jesuitinnen, wenn die Öffentlichkeit sie auch so oder als Devotas bezeichnet.
2. Die flandrischen Jesuitinnen haben keine Generaloberin.
3. Es gibt keine besonderen Amtsbefugnisse für eine solche Stelle.
4. Sie legen kein Armutsgelübde ab.
5. Sie laufen nicht herum, um für das Seelenheil anderer zu sorgen.
6. In den flandrischen Kongregationen gibt es keine tollkühnen Unternehmen.

7. Von den flandrischen Jungfrauen lässt sich nicht sagen, sie seien ohne Gottesfurcht und ohne Ehrfurcht mit anmaßender Halsstarrigkeit dem Papst und den päpstlichen Ermahnungen ungehorsam gewesen, da sie solche Ermahnungen nie erhalten hätten.
8. Von den flandrischen Jungfrauen gebe es keine Aussagen gegen die gesunde Lehre der Kirche.
9. Die Gemeinschaften fügten mit ihrer Tätigkeit der Kirche keinen Schaden zu.
10. Die flandrischen Kongregationen seien keine Sekten in dem Sinn, wie die Päpste das Wort gebrauchten und wie der gegenwärtige Papst es für die verbotenen Jesuitinnen angewandt habe.
11. Titel wie Visitatorin, Rektorin, Oberin, Generaloberin seien in den Schriften der flandrischen Jesuitinnen nicht zu finden.

Die Jesuiten ließen hier, sich beziehend auf die Lütticher Ereignisse, engherzig außer Acht, dass die flandrischen Jesuitinnen sich in ihrer Heimat und nahe bei ihren Familien befanden, während die Engländerinnen in der Fremde lebten und ihr Vaterland wegen der Katholikenverfolgung verlassen hatten.[24)]

Am 15. Dezember bat Sekretär Ingoli den Assessor des Heiligen Offiziums um Anfertigung von Kopien der elf Punkte für Kardinal di Bagno und ebenso um einen Bericht an den Papst, damit eine Antwort von Seiten der Universität vermieden werde; denn es sei zu befürchten, dass die Universität den Einschluss der flandrischen Jesuitinnen in die Bulle ablehne.[25)]

Am 18. Dezember lagen die Sätze der Jesuiten der Sitzung vor, die eine Erklärung im Interesse ihrer Jesuitinnen in Mons und Cambrai und für andere Orte erlangen wollten: den ausgesprochenen Nichteinschluss in die Bulle. Der Papst beauftragte den Nuntius in Brüssel, sich über den Sach- und Wahrheitsgehalt dieser Angelegenheit zu informieren und dafür zu sorgen, dass es zu keiner Befragung der Universität komme; außerdem möge Lagonissa nachforschen, wer diese Sache begonnen habe, damit die Kühnheit derer, die für die

Lösung solcher Zweifel ihre Zuflucht zur Universität nähmen, nicht ungestraft bleibe; denn die Klärung solcher Ungewissheiten stehe dem Heiligen Stuhl zu.[26]

Am 10. Januar 1632 brachte der flandrische Nuntius eine Antwort auf die ihm vorgelegten Fragen. Er meldete wieder, es gebe drei Sorten von Jesuitinnen:

1. Die englischen Jesuitinnen, deren einziges Haus in seiner Nuntiatur aufgehoben sei (Saint-Omer);
2. die Jesuitinnen mit Gemeinschaften und Jesuitinnenkleid, welche die Jesuitenkirche besuchten und dort wohl in der Beichte die einfachen Gelübde ablegten;
3. die Agnetianerinnen und Symphonianerinnen unter dem Protektorat des Erzbischofs von Cambrai, die ohne Klausur und ohne feierliche Gelübde in Gemeinschaft lebten und Kinder unterrichteten.

   Die Lage der belgischen Jesuitinnen sei also erst zu prüfen, da sie nicht in die päpstlichen Anordnungen eingeschlossen seien.

Durch Dekret der Propaganda vom 8. November 1629 sei ihm die Aufhebung der englischen Jesuitinnen aufgetragen worden, während die Angelegenheit der anderen erst geprüft werden sollte; diese Einschränkung habe bei deren Beschützer, den Jesuiten, Freude ausgelöst, da sie nicht wünschten, dass die flandrischen Jesuitinnen in die Bestimmungen für die Engländerinnen eingeschlossen würden. Lagonissa äußerte dann seine persönliche Meinung, die Kollegien der Jesuitinnen könnten wegen der Vorschriften des Konzils von Trient und der Konstitution Pius' V. nicht bestehen, es sei denn der Papst würde eine Approbation erteilen.[27]

Die Mitteilungen aus Brüssel kamen am 12. Februar 1632 zur Besprechung. Der Papst ließ dem Nuntius Lagonissa mitteilen, das erste Institut sei durch die jüngst veröffentliche Bulle aufgehoben; durch den General der Gesellschaft Jesu werde den Jesuiten die Annahme von Gelübden verboten und die bereits abgelegten müssten annulliert werden. Der Nuntius solle Institut und Lebensregel der Agnetianerinnen und Symphonianerinnen beischaffen und nach Rom schicken. Fünf Tage später meldete der Kommissar des Heiligen Offiziums den Kardinälen, er habe den Auftrag dem General der Gesellschaft Jesu ausgerichtet.[28)]

Für die folgenden Jahre fehlen die Einträge in den Codex St. St., O-3g. Jedenfalls erfolgte kein Akt der Anerkennung der flandrischen Jesuitinnen und auch keine des Nichtbetroffenseins durch die Bulle. Aber noch war der römische Kampf nicht ganz zu Ende, so wenig wie die Erinnerung an die englischen Jesuitinnen.

Im Jahr 1637 kehrten sechs Symphonianerinnen mit ihrer bisherigen Oberin Margarita Lhermite in ihre Elternhäuser zurück, nachdem ihnen die päpstliche Bulle und die Dekrete der Inquisition bekannt geworden waren; sie wollten weiter ein frommes, eheloses Leben führen. In einem Brief vom 19. März 1637 legten die Frauen ihren Entschluss dem Papst vor und auch die Sorge um ihre Ehre, da ihnen leichtsinnige Lebensführung und öffentlicher Glaubensabfall vorgeworfen werde, ebenfalls brachten sie ihre Not und Armut vor, da die derzeitige Oberin ihre Mitgift beim Austritt zurückbehalten habe.[29)] Am 5. November 1637 beauftragte der Papst den Bischof von Mecheln, im Rahmen des Rechtes für die Rückerstattung der Mitgift zu sorgen.[30)]

Nochmals gab es Verhandlungen über die nördlichen Jesuitinnen; nun betraf es die von Köln. Am 19. Dezember 1638 schrieb der Nachfolger Carafas, der Kölner Nuntius Martino Alfieri, an Kardinal Francesco Barberini, den Neffen des Papstes und Nachfolger von Kardinal von St. Onofrio im Sekretariat des Heiligen Offiziums. Alfieri berichtete Beobachtungen und Erfahrungen über die Jesuitinnen. Auch er zählte drei Gruppen auf, die nicht mehr wie früher durch die vom Papst verbotenen Eigenheiten auffielen, wie z. B. durch ihren Habit. Aber sie hielten noch an ihrer Lebensform fest.

1. Die Jesuitinnen in Lüttich, die im Haus wohnten, in dem ihre Aufhebung erfolgt sei; sie stünden unter Jesuitenleitung;

2. in Köln gebe es einige Häuser mit Jesuitinnen, die eine eigene Kleidung trügen; auch sie folgten der Leitung der Jesuiten;
3. in Köln lebten die so genannten Kölner Jesuitinnen – mehr als 400 – unter der Generaloberin Schabels; auf deren Lebensweise und Kleidung ging der Nuntius ausführlicher ein.

Alfieri machte aufmerksam, dass neue Anträge um Bestätigung beim Heiligen Stuhl zu erwarten seien, und erwähnte auch die Praxis, die Mitglieder im Elternhaus wohnen zu lassen, weil dieses Vorgehen wegen der Erbschaften für die Jesuiten sich als nützlicher erweise.[31)]

Einen Monat später am 13. Januar 1639 folgte auf dieses Schreiben ein langes Dekret. Der Papst verlangte vom Kölner Nuntius die Übersendung der ins Lateinische übersetzten Statuten der Kölner Jesuitinnen; er solle sich auch informieren, seit wann Hedwig Schabels den Titel Generaloberin führe, und über die Einzelheiten ihrer Amtsführung berichten, ob sich ihre Vollmacht auf Köln beschränke und ob Briefverkehr mit Nieder- und Oberdeutschland bestehe. Dazu verlangte er Auskünfte über die Zusammenarbeit mit den Jesuiten; das alles sei wichtig für entsprechende Anordnungen.[32)]

Am 19. Januar teilte Kardinal Barberini dem Kölner Nuntius die Anordnungen mit und fügte Ergänzungen bei. Der Papst habe den Mitteilungen Alfieri's entnommen, dass die Jesuitinnen noch nicht völlig aufgehoben seien. Barberini fügte weitere Fragen und Aufträge an. Der Nuntius solle Erkundigungen einholen, ob die Generaloberin Gelübde oder Versprechen der Frauen entgegennehme, ob das feierliche Keuschheitsgelübde vom Jesuitenbeichtvater, von der Generaloberin oder von beiden entgegengenommen werde, ob sich Schabels' Autorität auch auf die Jungfrauen in Lüttich erstrecke, wer die Generaloberin und ihre Helferinnen wähle und was in den Versammlungen der Mitglieder unter Leitung der Jesuiten vor sich gehe.[33)]

Der Kölner Nuntius sandte am 17. April 1639 seine eingeholten Auskünfte, dechiffriert in Rom am 4. Mai. Hier werden nur die Angaben erwähnt, die an Maria Wards Institut erinnern. Im Hintergrund lebte ja immer noch die Sorge um ein geheimes Weiterleben oder eine Wiederkehr englischer Jesuitinnen.

1. Hedwig Schabels führe den Titel Generaloberin seit 1602, als sie in Aachen wegen der Pest in Köln lebte und die Kongregation gründete.
2. Sie nehme keine Gelübde und Versprechen von ihren Untergebenen entgegen, die jedoch ihren Befehlen pünktlich gehorchten.
3. Die Autorität der Generaloberin schließe weder die Frauen von Lüttich noch andere außerhalb Kölns ein.
4. Es gebe keinen Briefverkehr mit Jesuitinnen in Oberdeutschland, wohl aber in mehreren Städten in Niederdeutschland, wo Jesuiten seien. (Mit Oberdeutschland ist München gemeint.)[34]

Nach dem 4. Mai wurden für die kommende Sitzung neun Punkte, eigentlich neun Verbote, vorbereitet. Wieder werden nur jene Stellen erwähnt, die an die englischen Jesuitinnen erinnern. Trotz der erfolgten Aufhebungen und des Gehorsams der Gründerin wie der Gefährtinnen, auch trotz der Bulle bestand in Rom immer noch Sorge um ein geheimes Weiterleben des Instituts. Sechs von den neun geplanten Verboten bringen mehr oder weniger verborgene Hinweise auf die Gründung der Engländerin.

1. Die Zusammenkunft solcher Frauen in besonderen Häusern sei zu verbieten.
3. Falls der Habit, den sie tragen, derselbe sei wie der, den die „antique Giesuitesse“ zu tragen pflegten, sei er gänzlich abzuschaffen. Der Ordinarius weise ihnen einen neuen Habit an.
4. Noviziat oder Probation seien zu verbieten.
5. Titel und Amt der Generaloberin Schabels und die anderen Ämter seien abzuschaffen.
6. Völlig zu verbieten seien die geistlichen Unterweisungen vor allem, weil unter den Häresien Deutschlands eine sei, die den Frauen zu predigen und die Schrift zu erklären erlaube.[35]

In der Sitzung vom 12. Mai 1639 ordnete der Papst eine Partikularkongregation zur Beratung über die Sache der angeblichen Jesuitinnen an, und in der vom 16. August 1640, nach einem neuen Amtswechsel in der Nuntiatur Köln, verlangte der Papst von Fabio Chigi die vollständige Durchführung der Aufhebung der Frauenkongregationen. Auch ihm wurde die Bulle zugesandt.[36)]

Für die nächste Zeit liegen noch zwei Briefe des Nuntius Chigi für den Kardinal Barberini vor. Am 15. September 1640 teilte er mit, er habe sich um Informationen bei einem Dominikaner bemüht, glaube aber nicht, dass vom Vermuteten noch etwas bestehe.

Auch am 9. November konnte Chigi keine neue Aufklärung melden. Es heiße, die Frauen würden sich auf ihre Frömmigkeitsübungen beschränken, um nicht in die Aufhebungsbulle einbezogen zu werden. Ein befragter Dominikaner habe ihm mitgeteilt, nichts Beachtliches entdeckt oder gehört zu haben, da in dieser Angelegenheit alles sehr geheim gehalten werde.[37)]

Am 13. Dezember 1640 kam die Sitzung zum Abschluss mit den Jesuitinnen; im Dekret heißt es, das Jesuitinneninstitut sei aufgehoben.[38)]

Was haben nun die Nachforschungen über die flandrischen und Kölner Jesuitinnen erreicht? Sicher wollte man in Rom, dass auch sie verschwinden. Doch so einfach ging dies nicht. Die eine und andere kleine Gemeinschaft löste sich auf. Die Frauen zogen sich, auch wenn sie bei dem gewählten Lebensstand blieben, in ihre Elternhäuser zurück und hielten ihre Angelegenheiten geheim. Diese Umsicht und vielleicht auch eine Rücksicht auf die Jesuiten hätten eine Einbeziehung in die Bulle nicht rechtfertigen können. Aber auch diese Gruppierungen hatten keine Zukunft. Was die englischen Jesuitinnen anging, zeigt sich nochmals deutlich in den häufigen Vergleichen und in den Ängsten, sie könnten selbst mit der Bulle noch nicht ausgerottet sein. Die englischen Jesuitinnen waren die Ärmsten; auf sie war die

Bulle gerichtet, und sie waren nicht in ihrer Heimat. Dennoch hatten sie Zukunft, obwohl fast alles in diesen Jahren sie sehr trüb vorwärts blicken ließ, sie aber auch in ihrer Kraft herausforderte.

XI.
Durch Not zu Zeichen der Hoffnung

Maria Wards Gründung war nicht die erste und einzige neue Gemeinschaft, die ohne Annahme der Klausur einen Ordensstand nach der Orientierung am Jesuitenorden bilden wollte, so viele Besonderheiten sie auch in ihr Institut einbrachte. Die Bulle blieb praktisch damals und in der Geschichte ihrer Gründung nur für ihr Werk in Geltung. Die anderen Jesuitinnen wohnten in ihrem Land und konnten durch ein zurückgezogenes Leben, ohne in der Öffentlichkeit aufzufallen, eine Weile fortbestehen. Dann sprach man nicht mehr von ihnen. Darum stellt sich die Frage: Wie ging es mit dem Maria-Ward-Institut weiter?

Das Verbot des gemeinsamen Wohnens

Als Maria Ward im März 1632 in Rom eintraf, fand sie die wenigen englischen Frauen in der Unsicherheit, wie lange und ob sie überhaupt beisammen bleiben könnten. Die erste Ablehnung ihrer Bitte hatten sie schon erhalten. Es war ja für Urban VIII. nicht einfach, eine Zusage zu geben; das Verbot des Zusammenlebens stand in seiner Bulle.
Die fünf römischen Frauen hatten sich vor dem 26. Juni 1631 um Hilfe an den Papst gewandt. Ihre Eingabe im Wortlaut:

„Heiliger Vater!
Die Englischen Frauen in Rom haben, nachdem sie durch die Apostolische Bulle von der Aufhebung ihres Instituts erfahren haben, mit aller Bereitschaft und im Gehorsam sich dem Willen Eurer Heiligkeit unterworfen; zum Zeugnis dieser Unterwerfung haben sie in die Hand

des Hochw. Herrn Kardinalvikars ihren Verzicht auf jede Zugehörigkeit zu dem besagten Institut erklärt.
Aber darüber hinaus ist in dieser Bulle unter Strafe der großen Exkommunikation befohlen, dass sie ihre bisherige Wohnung verlassen und sich voneinander trennen; demütigst legen sie dar, dass in Rom nur zwei Fräulein leben und drei Dienerinnen, von denen eine immer krank ist und nicht mehr lange leben wird. Wenn die beiden anderen, die nicht italienisch sprechen können, ihre bisherige Wohnung verlassen müssen, haben sie jährlich 210 scudi zu zahlen; dazu sind sie gänzlich ohne Geld, dieser Pflicht nachzukommen und sich selbstständig eine andere Wohnung zu verschaffen; sie haben ja in diesem Land weder Verwandte noch Freunde noch andere, von denen sie Hilfe erwarten können, außer von der göttlichen Vorsehung und der väterlichen Barmherzigkeit Eurer Heiligkeit.
Darum bitten sie demütigst, dass Eure Heiligkeit ihnen gewähre, als Freundinnen gemeinsam in dem Haus, in dem sie jetzt wohnen, weiterhin zu leben, haben sie doch alles getan, was ihnen möglich ist, um ihren Gehorsam gegen den Heiligen Stuhl zu beweisen; darum vertrauen sie, dass Mitleid und Güte Eurer Heiligkeit sich ihrer armseligen Lage erbarme; nur um Gott zu dienen, haben sie Heimat und Eltern mit allem verlassen, was die Welt ihnen hätte geben können. Da ihnen jede andere Hilfe fehlt, sind sie auch völlig bereit, um Eurer Heiligkeit zu gehorchen, sich als einzelne auf die Straße zu begeben und von Tür zu Tür ihren Lebensunterhalt zu erbetteln. Aber sie hoffen, dass Eure Heiligkeit, die allein helfen kann, sich würdige, dem sie so nahe bedrohenden Übel mit einer Hilfe zu begegnen. Sie stellen sich Eurer väterlichen Sorge demütigst und vollständig anheim.
An die Heiligkeit Unseres Herrn von den Englischen Frauen, die in Rom wohnen." [1)]

Dieser Brief lag in der Sitzung am 26. Juni 1631 vor dem Papst. Nach Verlesung des Memorials ordnete Urban VIII. an, die Aufhebungsvorschriften seien einzuhalten.[2] Wie mag der Entscheid auf die Frauen gewirkt haben, wenn er genau mitgeteilt wurde? Glücklicherweise war kein Termin für ein Auseinandergehen bestimmt worden.

Als Maria Ward im März 1632 in Rom eintraf, wird sie ihre Gefährtinnen in Unsicherheit gefunden haben, ob sie nun – acht Personen – beisammen bleiben könnten. Sicher brachte Maria Hoffnung und Zuversicht auch in diese Wohnungsangelegenheit. Vielleicht erhielten die Frauen gerade nach der Ankunft der Gründerin wieder etliche Almosen in Rom, z. B. von der Schwägerin des Papstes, Donna Costanza Barberini, die schon in den frühen römischen Jahren Maria Wards immer wieder in Notfällen für Vermittlungen gesorgt hatte. Es war auch klar, dass der Papst nun nach seiner Empfehlung vom 4. März, Maria Ward freundlich aufzunehmen, nicht gleich mit dem Druck auf diese Auflösung der Gemeinschaft drängen konnte. Für die Generaloberin war aber, ausgesprochen oder nicht, eine Form von Wohnungsnot durchzustehen. Möglicherweise kamen immer wieder frühere Mitglieder nach oder durch Rom und suchten Zuflucht. Vor dem 26. Oktober 1632 wandten sich die Frauen aufs neue um Hilfe an die Kardinäle des Heiligen Offiziums. Das Schreiben ist nicht im Band des Archivs erhalten, aber die Eminenzen waren in der Sitzung bereit, die gemeinsame Wohnung zu gewähren, wie in ihrem Dekret vom 26. Oktober steht.[3] Sie legten dem Papst die Bitte vor, wie es für die Anordnungen solcher Kongregationen immer nötig war. Es fehlt auch die Antwort des Pontifex. Jedenfalls blieben die Frauen weiterhin in ihrem Haus. Damit war aber Marias Wohnungsnot auf Zukunft hin nicht gelöst.
Unmittelbar vor Weihnachten 1632 erschien Winefrid Campiana in Rom mit ihrer Gefährtin, wohl Catherine Smith. Der Papst gab der früheren Visitatorin die Erlaubnis, im Hause der Maria della Guardia zu leben.[4] So dürften gegen zehn Personen in der Gegend der Kirche Santa Maria dei Monti beisammen gewohnt haben, wenn sie

sich noch dort aufhielten, wohin sie nach dem Auszug aus der Via Monserrato gezogen sein dürften.
Vor dem 13. Januar 1633 ging wieder ein Bittschreiben Marias an die Kardinäle. Eingehend schilderte sie die bedrängte, ja lebensgefährliche Lage der ehemaligen Mitglieder und erflehte eine zweifache Hilfe, die nicht bloß die römische Gruppe betreffen sollte. Sie bat die Kardinäle um die Erlaubnis, dass die genannten Personen, die dem aufgehobenen Institut angehörten, frei miteinander als weltliche Personen in den Wohnorten oder Staaten, wo sie sich befänden oder auch an anderen Orten, gut und in innerer Ruhe leben könnten, wie um eine gütig zugestandene Hilfe, das gegenwärtige Leiden zu erleichtern; denn die Rückkehr nach England müsste ihnen und ihren Familien Unzuträglichkeiten und Gefahren einbringen, wie die Eminenzen dies ohne Zweifel sich besser denken könnten.
Sie bat zweitens die Kardinäle, sie möchten den auswärtigen Fürsten wissen lassen, dass deren Gunst und Schutz für die ehemaligen Mitglieder des Instituts Seiner Heiligkeit und Euren Eminenzen eine angenehme Sache sei, da sie doch gegenwärtig keine andere Möglichkeit hätten, sich durchzubringen. Die Gewährung dieser Gnade werde die gegenwärtige Leidenszeit erleichtern und die Gefahr abwenden, ihre Seele, ihre Ehre und sogar das eigene Leben zu verlieren. All diese Übel lägen ja den guten Absichten der Eminenzen fern.[5)]
Dieses Memorial kam am 13. Januar vor den Papst. Urban VIII. ließ nach Verlesung des Briefes anfragen, welche Personen die Bitte betreffe, gemeinsam wohnen zu dürfen; Ort, Zahl der Frauen wie andere Einzelheiten seien anzugeben, damit bedacht werden könne, ob ihnen die Bitte zu genehmigen sei.[6)]

Wie mag Maria Ward diese Mitteilung aufgenommen und wie mag sie auf ihre Gefährtinnen gewirkt haben? Neue Hoffnung kam auf. Maria Ward verspürte wohl erstmals eine reservierte Hoffnung nach allem, was sie mitgemacht hatte. Nur ihr gelebtes Gottvertrauen er-

mutigte sie, weiterhin die nächsten Schritte zu wagen. Diese kamen sofort nach Ankunft der guten Nachricht.
Vor dem 20. Januar 1633 ging die Antwort, eine neue Bittschrift der Engländerinnen, an die Kardinäle. Wörtlich lautet ihr Gesuch:
„Hochw. Herrn Kardinäle, verehrteste Patrone
Die Englischen Frauen bitten demütigst, dass
1. *in Wien in Österreich mit Frau Margarita Genison 10 oder 12 Personen wohnen dürfen;*
2. *in München in Bayern unter Frau Maria Poyntz, auch Campiana genannt, 9 oder 10 Personen;*
3. *in Pressburg in Ungarn mit Frau Francis Brooxby 5 oder 6 Personen;*
4. *in Köln mit Frau Campiana 8 oder 10 Personen;*
5. *in Lüttich mit Frau Maria Wivell 7 oder 8 Personen;*
6. *in Saint-Omer mit Frau Elizabeth della Guardia 6 oder 7 Personen.*

Und die oben genannten Personen könnten in den Häusern sein, die sie zuvor an den Orten besaßen, wo diese ihnen mehr entsprachen; nicht im Geringsten werden sie weder eine Ordens- oder Kongregationsform, auch sonst nichts beanspruchen, sondern beispielhaft als Weltleute leben. Für die Gewährung dieser Gnade werden die genannten Personen auf immer Euren Eminenzen den Dank schulden.
An die Hochw. Herren Patrone, die verehrtesten Herrn Kardinäle der Heiligen Kongregation des Heiligen Offiziums." [7]

In der Sitzung am 20. Januar 1633 war der Papst anwesend. Leider ist auch hier das Papier zum Teil zerstört. Es heißt nur, soweit leserlich: „Es wurde das von den Englischen Frauen vorgelegte Memoriale verlesen: die Bitte, gemeinsam wohnen zu dürfen, nach den Vorschlägen im Memoriale …" [8]
In dem Antrag ging es also minimal um 45, maximal um 53 Personen; nehmen wir ca. 50 an. Die große Schar um Maria Ward war klein geworden, aber viele dieser Frauen waren, wie anzunehmen ist, zu

einer neuen Einbindung in das entschlossen, was Maria Ward tun werde. Das römische Haus fehlte auf der Liste. Ein Dekret für die Frauen in der Ewigen Stadt kam nicht ans Licht.
Wie ging der Weg nun weiter? Nochmals wandten sich die Englischen Frauen bittend an die Kardinäle des heiligen Offiziums. Vor dem 22. Dezember 1633 schrieben sie aufs neue, wussten aber sehr wohl, dass ihr Anliegen vor den Papst kommen werde. Die Engländerinnen in Deutschland und Flandern, die, wie geschrieben wurde, unter dem Verlust ihrer Ehre, verachtet von den Katholiken und verhöhnt und verlacht von den Häretikern, tief litten, brachten noch einmal ihre Bitte vor, wenigstens gemeinsam wohnen zu dürfen, was doch allgemein möglich sei, als Weltleute zusammenzuleben, wo sie eben Wohnung fänden. Man möge sie mit dem ausstatten, was genüge, um in Armut zu leben; denn sie hätten sich doch mit Gottes Gnade beim Heiligen Stuhl wie auch bei anderen nie solcher Hilfen als unwürdig erwiesen.[9)]
Am 22. Dezember 1633 kam aus der Sitzung wieder ein hartes Wort des Papstes. Wörtlich steht im Dekret: „Nach Verlesung des Memorials der Englischen Frauen des früheren, nun aufgehobenen Instituts der Jesuitinnen, die bitten, wie Weltleute gemeinsam zu leben und mit Nahrung versehen zu werden, wollte der Papst nichts gewähren - Sanctissimus noluit quicquam concedere.“[10)] Fern der damaligen Lage, nur mit Überlieferungsresten versehen, stehen wir wieder vor einem großen Rätsel. Doch ist anzunehmen, dass die Frage für das weitere Zusammenleben in Rom, einmal, vielleicht mündlich, gewährt worden sein muss; doch was war mit dem Antwortschreiben vom Anfang des Jahres, wo es um die sechs Sammelorte ging? Nach dem Papstwort vom Dezember 1633 werden die Gefährtinnen wohl wieder in Niedergeschlagenheit in das Weihnachtsfest gegangen sein. Und doch konnten sich die Römerinnen gewissermaßen sicher fühlen, da Urban VIII. das Wohnen der Winefrid Campiana bei Maria Ward gewährt hatte. Die Frauen in Rom wohnten mit Maria Ward

zusammen. Zwar ging es ums Durchhalten, doch mit ihr kam man immer wieder zu guten Überraschungen.

Die Lage der Schwestern in den einzelnen Häusern

Vor der Veröffentlichung der Bulle in Deutschland waren die nördlichen Niederlassungen des Instituts schon aufgehoben:
Lüttich am 30. April 1630, Köln kurz vor 24. Mai 1630, Saint-Omer kurz vor 6. Juli 1630, Trier am 20. August 1630.

In welcher Lage befanden sich die Häuser in Neapel, Wien und Pressburg, die auch ihre Tätigkeit aufgeben mussten?
Wir wissen relativ wenig von den ehemaligen Niederlassungen. Mit unseren heutigen Dokumenten wäre es nicht möglich, die Zahlen von Frauen für die einzelnen Häuser, z. B. für die sechs Sammelpunkte beizubringen; auch fehlen genaue Angaben über die einzelnen Personen. Es waren z. B. bei der bischöflichen Visitation im Oktober 1629 in Wien elf Mitglieder versammelt; bei der Gehorsamserklärung im Paradeiserhaus in München am 14. März 1631 unterzeichneten 33 Frauen. Diese Angaben stammen noch aus der Zeit vor der Veröffentlichung der Bulle. – Verhältnismäßig hoch scheint in dem Gesuch die Zahl für Saint-Omer zu sein. Waren wirklich dort noch sechs oder sieben Engländerinnen? – Für Saint-Omer fiel auf, dass Elizabeth Ward als Verantwortliche genannt wird. Die Beziehungen der beiden Schwestern bleiben bis heute ungeklärt. Quellen zweiten Ranges und spätere Aufzeichnungen sprechen von Unstimmigkeiten zwischen beiden Frauen. Marcus Fridl bringt zwei Seiten über das ungute Verhältnis zwischen Elizabeth und Maria. Der Autor nahm hier mündliche Überlieferungen in sein Werk auf.[11)]
In Neapel zog sich die Aufhebung ca. drei Jahre hin. Nach dem römischen Beschluss vom 7. Juli 1628 verlangte die Propaganda vom

Nuntius in Neapel und vom Erzbischof Francesco Buoncompagni, die „Frauensekte" aufzulösen. Am 17. Oktober 1628 entschied die Propaganda über die acht Frauen: die vier Italienerinnen seien zu ihren Eltern zurückzusenden. Die anderen vier – Engländerinnen oder Fläminnen – sollten vorderhand in der Stadt untergebracht werden. Die weiteren Nachrichten kamen aus den Schreiben der Inquisition. Zwei Engländerinnen traten in den englischen Karmel in Antwerpen ein. Dem Brief des englischen Klerusagenten Fitton ist zu entnehmen, dass diese beiden, Ratcliffe, die bisherige Oberin, und Chrisogona Wakeman, noch bis 1632 in Neapel geblieben sind, aber dann in den Karmel eintraten. Nach 1632 war das Institut auch in Neapel verschwunden.

Das Lütticher Haus, aufgehoben am 30. April 1631, wies keinen Widerstand der Gefährtinnen auf. Selbst nach den Lütticher Ereignissen verblieben die fünf Frauen dort. Der Garant der Aufhebung und der Bulle lebte in Lüttich, Nuntius Carafa, aber die heimatlosen und sehr armen Frauen, auf denen noch eine große Verschuldung lag, konnten nach den Aufregungen, die die Visitatorin hervorgerufen hatte, noch in ihrem Haus auf dem Mont St. Martin verbleiben.
Was geschah nun in Lüttich? Von St. Martin, also von den Kanonikern, war am 7. März 1631 angeordnet worden, die Frauen sollten bis Ostern (20. April) ihre Wohnung im Klausurbereich verlassen. Wahrscheinlich fand für eine kurze Zeit ein Auszug aus diesem Haus statt. Am 22. August 1631 spendete das Kapitel den verbliebenen Engländerinnen drei Patakonen. Am gleichen Tag ließ der Rechtsanwalt Jacques Nixon im Auftrag des bischöflichen Officials die Möbel aus ihrer Wohnung abführen; mit dem Verkauf sollten Schulden gedeckt werden, wohl solche, die in Lüttich für das tägliche Leben entstanden waren. Für die Schuldenlast von der Pierreuse hätten die paar Geldstücke nicht ausgereicht. Nun schaltete sich das Kapitel von St. Martin ein und riet zu einem Ausgleich. Dem Rechtsanwalt

Nixon wurde wegen seines Vorgehens und wegen der Schändung der Immunität ein Gerichtsverfahren angedroht. Am 23. August genehmigten die Kanoniker den Antrag ihres Mitbruders Egyd Beeckman, dass den englischen Jungfrauen das Haus, in dem sie schon bisher lebten, Eigentum dieses Kanonikers, weiter zur Verfügung stehe. Kurz darauf, am 4. September, genehmigte das Kapitel von St. Martin die Inventarisierung und den Verkauf des Mobiliars, unter Zurückweisung des Vorgehens von Nixon, damit die Alltagsschulden und die noch ausständige Miete bei Beeckman gezahlt werden könnten. Die Berichte enthalten einige Differenzen, aber im Ganzen wird es für die betroffenen Frauen eine große Hilfe gewesen sein, eine so freundliche Behandlung von den Kanonikern zu erfahren.[12)]

Wie kam das Haus in Pressburg zu seinem Ende? Die Niederlassung in protestantischem Umfeld hatte unter Erzbischof Pázmány, seit 1629 Kardinal, einen guten Weg beschritten. 1629 erreichten die römischen Ermahnungen zur Schließung der Niederlassung auch den Erzbischof. Doch gingen bis Ende 1632 von der Ungarischen Hofkammer die regelmäßigen Geldzuwendungen an die dortigen Engländerinnen. Während ihrer Gefangenschaft bat Maria Ward ihre Sekretärin Cotton um ein Schreiben an Pázmány, um ihm die Mitglieder in Pressburg anzuempfehlen und ihn um die Erlaubnis zu bitten, Barbara Babthorpe nach München reisen zu lassen.[13)] Zwei Monate später erschien Barbara in München. Zwei Jahre später am 26. November 1633 schrieb Maria von Rom aus an Francis Brooxby, die nach Barbara für die Gefährtinnen in Pressburg gesorgt hatte, sie solle nach München kommen.[14)] Es ist anzunehmen, dass Ende 1633 die früheren Mitglieder Ungarn verlassen hatten.

Was geschah in Wien, der vorletzten Gründung Maria Wards? Bei der Wiener Überraschung 1628 fehlte es ihr an einer genügenden Anzahl von Lehrerinnen. Bei der ersten Visitation in Wien, Ende 1627, gehörten fünf Mitglieder zur Gemeinde. Nach der Aufhebung des Instituts vom 7. Juli 1628 kamen auch in das Haus „Stoß am Himmel" bedrohliche Nachrichten. Eine bischöfliche Visitation erfolgte am 7. Oktober 1629. Drei von den nun elf Mitgliedern waren Engländerinnen, die restlichen acht kamen aus Süddeutschland; drei waren unter 20 Jahren, und drei waren Novizinnen. Nur vier unterrichteten in der Schule. Die Internatspräfektin Helen Cifford hatte für vier Zöglinge zu sorgen. Anna Maria Mehrin aus Konstanz war Schulpräfektin für die 450 Schülerinnen. Die Oberin war Margaret Genison. Eine der 28 Fragen im Konsistorium betraf den Namen. Die Oberin antwortete, sie hießen Matres Societatis Jesu.[15)] Die Verhandlung bei dieser Visitation wie alles, was die Wiener Aufhebung betraf, erfolgte in erträglichen Formen. Nach Verkündigung der Bulle in Wien wurde diese nicht am Stephansdom angeschlagen. Im Oktober 1632 bat die frühere Oberin Genison den Kaiser nochmals um die gewohnte jährliche Zuwendung, die ihr Ferdinand II. am 13. Oktober gewährte. Wie lange ehemalige Jesuitinnen noch in Wien verblieben, ist nicht bekannt. Sie hatten sich wohl, wie die Oberin Margaret Genison, von Maria Ward getrennt.

Was geschah in München? Bis Oktober 1631 lebte Maria Ward nach ihrer Haft im Angerkloster im Paradeiserhaus. Schon hatte sie von einem drohenden Dokument für ihr Institut erfahren, bevor die Bulle am 11. August 1631 bei Golla eintraf. Wiederholt zuvor hatte der Dekan seine Sorge in den Schreiben an Kardinal St. Onofrio wie auch beim Kölner Nuntius geäußert, die Verkündigung der Bulle werde schwierig, wenn die Generaloberin noch im Lande sei. Am 18. August kam diese gefürchtete Stunde, und sie verlief ruhig mit der Unterwerfung aller Frauen. Auch in der nächsten Zeit gab es keine Unruhen, wie Golla an Carafa am 23. September schrieb: „Bis zur Stunde haben die Frauen nichts dagegen unternommen."[16)] Der Dekan mag aufgeatmet haben; er sah wohl, dass er die Frauen immer

noch nicht genug kannte, dass er sich täuschen konnte. Aber Maria Ward war in München, die Garantin völliger Unterwerfung, weil sie wusste, dass die Anordnung vom Papst gekommen war.
Die Nachrichten in den frühen Biographien lauten öfters anders als die schlichten Mitteilungen aus dem Inquisitionsarchiv. Und Elizabeth Chambers schreibt z. B., die Bulle sei in München überhaupt nicht durchgeführt worden.[17)]
Am 5. September 1631 sandte Maximilian I. den „gewesten Müettern und Schwestern Jesu" 2000 fiorini zur Beschaffung ihrer Kleidung und für die Reisekosten.[18)] Der Sekretär des Kurfürsten Aurelius Gigli schrieb dem fürstlichen Agenten Crivelli in Rom, die Mitglieder des aufgehobenen Instituts hätten ihren Habit abgelegt und das bisher bewohnte Haus verlassen.[19)] München war in dieser Zeit in großer Aufregung und viele Abwanderungen erfolgten; ganze Klöster nahmen ihre Zuflucht nach Südtirol, wo der Schwedenkrieg nicht hinkam. Die Armut wurde auch in München durch die Aufhebung und durch die herannahende Schwedengefahr bedrohlich. Bisher ging es den Münchnerinnen durch die Güte des Fürsten sehr erträglich, wenn sie auch Einschränkungen auf sich nahmen, weil sie für Marias Reise und die Gefährtinnen in Rom und wohl nun auch für die mittellosen deutschen Frauen, deren Mitgift ausgegeben war, sehr sparen mussten. Der Kurfürst stand im Krieg. Am 29. Dezember 1631 bat Mary Poyntz für sich und die zehn Jungfrauen, die bei ihr waren um Hilfe. Sie erhielt 1200 Gulden.[20)] Am 5. Mai 1633 ließ der Kurfürst bei einer Sendung von 150 Gulden fragen, wie viele Frauen noch im Paradeiserhaus wohnten und wovon sie lebten. Die Hofkammer zahlte am 10. Juni 1633 den bewilligten Betrag und berichtete dem Kurfürsten, im Paradeiserhaus lebten noch sieben Frauen, vier in ihrem Institutshabit und drei in weltlicher Kleidung.[21)] Ende 1635 erhielten die damals nur zwei anwesenden Frauen – Engländerinnen – 100 und dann noch 50 Gulden.[22)] Die Finanzbehörde setzte, wie Henriette Peters annimmt, voraus, die deutschen Frauen würden

wohl von ihren Verwandten unterstützt. Sie könnten sich auch ganz in ihre Familien zurückgezogen haben. Im Jahr 1635 erhielt die Leiterin der Schule Winefrid Bedingfield die Erlaubnis, mit Gefährtinnen als weltliche Personen wieder Unterricht erteilen zu dürfen. Jedenfalls lebten die Gefährtinnen, die in München Schwedenkrieg und Pestzeit durchstanden hatten, trotz der Hilfe vom Wittelsbacher Hof die bittere Armut mit, die die Münchner Bevölkerung zu bestehen hatte.

Überall traf Maria Ward Sorgen an, wohin sie sich auch umsah. Trotz aller Bedrängnisse behielt sie ihren Blick der Zukunft entgegen offen. Hoffnung setzte sie auf München, wie auch auf das Lütticher Haus, das für eine Zeit für sie zur trostlosesten Gründung geworden war.

Wie aber ging es nun in Rom weiter? Ihre auf das Dekret vorgebrachte Erklärung mit den sechs Orten und den sechs Verantwortlichen hatte wohl keine Antwort von Urban VIII. erhalten. War also die Wohnungsfrage in Rom immer noch nicht gelöst? Die Lösung hing an einem Wort des Papstes. Großzügig und praktisch wie immer dachte Maria an die Zahl ihrer Leute, an die hohen Kosten für die Mieten, wenn jede allein wohnen müsste. Es gab für sie nur eine Hilfe: in Rom ein eigenes Haus zu erwerben. Auf diese Lösung ging Maria im Jahr 1633 zu, wie sich den Briefen an Mary Poyntz entnehmen lässt, die zunächst noch in München war. Am 30. Juli 1630 steht im Brief an Poyntz, die sie zu dieser Zeit nach Rom berief, es sei ihr Entschluss, an St. Michael (29. September) ihren „Webstuhl" (ein Haus, eine Wohnung) zu eröffnen. Maria sollte bald zum Kurfürsten gehen und von ihm Geld erbitten. In Rom suche sie 300 Kronen zu bekommen, auch wenn ihr dies unmöglich zu sein scheine. Wörtlich: „das zu erreichen, wäre mehr als ein Wunder."[23)]
In einem Schreiben vom 6. August teilte sie mit, sie habe eine Zusicherung für 300 Kronen, die aber nicht einmal für die Hälfte des Hauses reichten; hier sprach sie zum ersten Mal klar aus, dass es ihr

um ein Haus ging. Mitte August sprach sie von 200 Kronen, die sie erhalten habe.[24)]

Mit der nach Rom reisenden Mary Poyntz wollte sie sich in Loreto treffen. Am 20. August schrieb sie wieder nach München vom neuen Haus: „Margaret hath not got her patents to set up shop, but labours and hopes." – Margaret (Deckname für Maria Ward selbst) müht sich und hofft, ihr Geschäft in Ordnung zu bringen. Sie hat noch nicht ihr Patent, d.h. die Erlaubnis des Papstes. Auch fehlt es noch am Geld. „Jesus grant Ned some competent quantity of yellow silk. – Jesus gewähre der Ned (anderer Deckname für sie selbst) eine entsprechende Menge von gelber Seide." Noch hatte sie nicht das Wort des Papstes und es fehlte das genügende Geld.[25)]

Maria musste sich umtun. Am 24. August wandte sie sich an Kardinal Antonio Barberini, wohl St. Onofrio, den Kapuziner, um eine Vermittlung bei seinem Bruder, dem Papst.[26)] Auch für diesen Weg war Geduld aufzubringen. Am 27. August stand im Brief Marias an Mary Poyntz, dass jemand aus der Familie Barberini ihr vor 20 Tagen versprochen habe, mit dem Onkel zu sprechen, also mit dem Papst; aber es sei nichts geschehen, wenn nicht gar weniger als nichts. Sie bat um das Gebet ihrer Mary Poyntz, sie selbst wolle nicht aufhören, sich zu mühen, und schließlich werde etwas erreicht werden.[27)]

In einem weiteren Brief ohne Datum aus diesen Wochen schrieb Maria wieder eine Nachricht über ihr Hausanliegen. Noch habe sie nicht mit „Antoney the loom-maker" gesprochen, daher stünden alle Pläne still; sie sei zu ihrem geplanten Unternehmen aber sehr entschlossen und möchte alles zum besten Ende getan wissen; darum habe sie Geduld, bis sie Antoney sehe und von ihm Hilfe bekomme. Sie wartete also noch immer auf eine Audienz. Sie möchte gerne ein schönes Haus haben, heißt es auch noch in diesem Brief.[28)]

Am 5. Oktober, als Mary Poyntz schon bis Ferrara gereist war, musste ihr Maria schreiben, dass das Treffen in Loreto nicht möglich sei, da sie 20 Tage Rom nicht verlassen könne. Wahrscheinlich ging es um eine Aussicht auf eine Begegnung oder ein Wort des Papstes. Sie sprach in diesem Brief die Hoffnung aus, das Haus zu bekommen; diese Sache werde nicht mehr zurückgehen. Sie mahnte dann Mary, ihre Reise vor den Jesuiten geheim zu halten; falls diese allerdings von der Sache erfahren würden – gemeint ist wohl die römische Hausangelegenheit –, wäre dies das Schlimmste, was geschehen könnte. Dennoch möge sie sich nicht bedrücken lassen; „denn wir wollen über alles hinwegkommen, oder um es besser zu sagen, wir wollen nichts als das, was wir haben oder haben können.“ [29)]

Ein Schreiben vom 7. Oktober ging an Winefrid Bedingfield in München. Unter Gebrauch vorsichtiger Decknamen handelt es sich auch hier um das Haus, um das sich bemüht habe und das ihren Leuten für immer gehören solle; das sei in einer solchen Stadt und Zeit sehr wichtig; darum brauche man noch eine kurze Weile der Ausdauer, damit man einen sicheren Gewinn erreiche. [30)]

Am 5. November ging die gute Nachricht nach München: „Till Christmas I shall write from home; the picture is very well.“ Im zweiten Teil des Briefes berichtete dann Mary Poyntz schon zu früherem Datum, ihr neues Haus würden sie erst Ende des Monats November bekommen; der Spanier werde bis dahin darin wohnen, und nochmals: „Es ist ein feines Haus; ich wünschte, es wäre eingerichtet, wie ich es gerne möchte.“ Mary Poyntz war gegen Ende Oktober in Rom eingetroffen. [31)]

Am 2. April 1633 war Maria Ward auf die Liste der Almosenempfänger des Papstes eingetragen worden. Brot und Wein lieferten nun der Päpstliche Hof. Bis Maria Ward Rom 1637 verließ, erhielten die Gefährtinnen dieses Almosen. [32)] Aber sicher bekamen die armen Frauen auch weitere Unterstützungen von Mitgliedern der Familie Barberini, vielleicht vom Papst selbst.

Das neue Maria Ward Haus in Rom lag der Cappella Paolina von Santa Maria Maggiore gegenüber. Die Mutter Gottes dieser Kapelle wurde von dieser römischen Zeit an als Schutzfrau des Institutes verehrt. Das römische Haus gehörte zur Pfarrei Santa Prassede. Nach Rom kamen nach und nach immer wieder englische Gefährtinnen; Maria Ward war ja noch dort gegenwärtig. Am 1. Dezember 1635 schrieb Winefrid Bedingfield dem Kurfürsten, 23 englische Fräulein seien in Rom wohnhaft.[33)]

Die Bulle lag vor; Häuser und Tätigkeiten der neuartigen Form von Ordensleben waren verboten. Die totale Ausrottung war ja längst in Gang gesetzt. Die Auswirkungen der Aufhebung konnten jedoch nicht in so radikaler Form verlaufen. Wenn man auf das Jahrzehnt 1630 bis 1640 zurückschaut, sieht man doch vor allem die armen Gefährtinnen, die fern ihrer Heimat lebten und dorthin nicht einfach zurückkehren konnten. Und noch war die Frau bei ihnen, die das Ganze begonnen hatte und von allen geliebt und geschätzt wurde. Die Frauen um Maria Ward erlebten, wie sie alles durchgestanden hatte in Treue zu Kirche und Papst, auch in Treue zu ihren Gefährtinnen. Die mit Maria auf dem Weg weitergingen, hatten sie verstanden. Hier wurde das einfache Fundament für eine neue Zukunft gelegt. Zwei Jahre nach der Bulle gab es drei Stützpunkte, wohin die heimatlos gewordenen Frauen kommen konnten, wenn sie für sich keinen anderen Weg wählten. Da war ein Haus in Lüttich, nahe der Kanonikatskirche St. Martin, in dem sie wohnen durften. – Da war München mit dem Helfer, dem Kurfürsten Maximilian I., und mit einer Schule. – Da war das neue Haus bei der Mutter Gottes von Santa Maria Maggiore in Rom, ein Haus als Eigentum. Es mag manchen damals wie ein Traum vorgekommen sein, dass ein solches Heim zustande kam. Auch in Rom gab es Wohltäter bis zur Familie des Papstes, nicht so sehr wegen der Spende von Brot und Wein, sondern vor allem, weil Urban VIII. trotz seiner Bulle die Frauen in der Ewigen Stadt wohnen ließ und für dies Haus sein gutes Wort gegeben hatte, wenn dafür auch die Aufzeichnungen fehlen.

XII.
Maria Ward in Umbrien 1634

Immer wieder berichten Briefe von Maria Ward und von den Gefährtinnen, dass ihre Generaloberin mit ihrer Gesundheit sehr zu leiden habe. Ohne Zweifel war sie in Rom unter guter ärztlicher Fürsorge bei Dr. Alphonso Ferri, der ja schon mit seinem Vermögen für sie die Bürgschaft übernommen hatte. Er wollte ihr zu einer Kur verhelfen, um ihr Steinleiden erträglicher zu machen. Wiederholt hatte sie selbst eine solche Kur gewünscht und auch darum gebeten. Am 12. Februar 1634 arbeitete Dr. Ferri mit seinem Kollegen Lorenzo de Rubeis ein ärztliches Zeugnis aus. Die Ärzte stellten drei Krankheitsherde fest, die das Leben der 49 jährigen Frau bedrohten:

– Leber- und Nierenentzündung, die starke Schmerzen und viele Steine verursachten mit der Folge: Appetitlosigkeit und Erbrechen, Gewichtsverlust;
– Fieber, Husten und Blutspucken, die eine Tuberkulose befürchten lassen; auch daher sei es zu starkem Gewichtsverlust gekommen;
– die schlechte Verdauung, durch die eine ausreichende Ernährung unmöglich sei.

Die Ärzte erwähnten auch die ständigen Kopfschmerzen. Jahrelang habe man ihr mit Abführmitteln und vielen Medizinen zu helfen versucht, sie auch Thermalwasser trinken lassen; alles habe mehr zum Blutspucken gereizt als Nutzen gebracht. Die Kranke sei am Ende ihre Kräfte und könne nur durch das heimatliche Klima Hilfe erfahren.[1)]

Vor dem 23. Februar 1634 ging wieder ein Bittschreiben Marias an Urban VIII. Sie bat den Papst, zur Wiedererlangung ihrer Gesundheit nach England reisen zu dürfen, da das heimatliche Klima nach dem Urteil der Ärzte das einzige Heilmittel für sie sei. Auf dem Schlussblatt ist nach der Adresse eingefügt: „an die Kongregation des Heiligen Offiziums. La Signora Donna Costanza.“ Das heißt offenbar, dass die Engländerinnen die Schwägerin des Papstes um eine Vermittlung gebeten hatten; wohl sollte Costanza die Bittschrift der Kongregation oder dem Papst selbst übergeben.[2)] In zwei Sitzungen befasste sich Urban VIII. mit der Bitte Maria Wards. Aus dem Dekret vom 23. Februar 1634 lässt sich verstehen, dass er trotz der Freundlichkeiten, die er Maria Ward gelegentlich erwies, seine Bedenken gegen die Frauen nicht abgebaut hatte. Er verlangte eine ärztliche Bestätigung des Krankheitszustandes, die der Kardinalvikar Ginetti beischaffen solle; dieser solle dann die Engländerin mit geeigneten Begründungen von ihrem Reiseplan in ihre Heimat abzubringen suchen. Habe er sie beruhigt, könne er ihr eine Luftveränderung und ein reicheres Almosen in Aussicht stellen.[3)] Im Dekret vom 2. März erfolgte eine längere Erklärung des Papstes für die Ablehnung der Englandreise: die lange Fahrt würde ihrer schlechten Gesundheit schaden; in England wäre sie der Rache erzürnter Eltern ausgesetzt, da sie deren Töchter aus England fortgebracht und in ihr Institut aufgenommen habe; als Katholikin könne sie sich in England nicht an Richter und Beamte wegen ihrer Geldangelegenheiten wenden; besser sei, die Angelegenheit einem zuverlässigen Herrn anzuvertrauen. Beruhige sie sich , könne sie eine Luftveränderung und ein größeres Almosen erhalten. Beruhige sie sich nicht, sei darüber zu berichten.[4)]

In der folgenden Sitzung, am 9. März, berichtet der Kardinalvikar Ginetti das Ergebnis seiner Mission. Er sei bei den Gefährtinnen der kranken Frau auf Widerspruch gestoßen. Nun verlangte der Papst, dass der Konsultor des Heiligen Offiziums, Prälat Boccabella, mit Maria Ward verhandle. Sollte sie nicht auf die Reise verzichten, so erinnere er sie daran, dass sie ohne Genehmigung des Papstes Rom nicht verlassen dürfe.[5)]

Am 16. März ordnete Urban VIII. in der folgenden Sitzung an, dass die Vorschrift, die Maria della Guardia erhalten habe, auch der ehemaligen Visitatorin mitgeteilt werde, nämlich dass sie Rom und Umgebung ohne Erlaubnis des Papstes nicht verlassen dürfe, sub poena indignationis, unter der Strafe, in Ungnade zu fallen.[6)]

Alexander Boccabella kam seiner Verpflichtung nach. Auskunft darüber geben die beiden Biographien, deren Berichte aber der Richtigstellung bedürfen. Nach der englischen Vita könnte man meinen, es habe sich einfach um eine Reise in ein italienisches Bad, etwa nach San Casciano dei Bagni, gehandelt, die ihr versagt worden sei. Der Englandplan wird in der Vita nicht erwähnt. Gerade deswegen musste Prälat Boccabella Maria Ward aufsuchen. Ein Aufenthalt in San Casciano ergab sich erst aus der Unterredung mit dem Prälaten. Das in der englischen Vita skizzierte Gespräch zwischen Maria und Boccabella dürfte allerdings einigen Glauben verdienen. Marias Frage: „Bin ich denn eine Gefangene?“ lässt sich gut aus ihrer Lage verstehen. Auch die beruhigenden Worte des Prälaten, wie der Hinweis auf Reden von Gegnern, wirken in diesem Zusammenhang glaubhaft. Maria habe dem Prälaten klarzumachen versucht, es gehe bei ihr um Leben und Ehre; beides aber stelle sie dem Papst anheim. Es ist nicht ausgeschlossen, dass die Worte der kranken Frau dem Prälaten zu Herzen gingen, so dass er wirklich einige Tränen vergossen habe, wie Mary Poyntz schreibt. Doch ging die Autorin zu weit, wenn sie fortfährt, der Papst lasse ihr in seiner Güte sagen, sie könne hingehen, wohin sie wolle; dies deckt sich nicht mit den Tatsachen, die durch die Dokumente im Inquisitionsarchiv ans Licht kamen, mag dieser Fehler einer solchen Nachricht der Autorin Mary Poyntz bewusst gewesen sein oder nicht.
Auch die Ausführungen der italienischen Vita lassen sich nur zum Teil mit den Dokumenten der Inquisition in Einklang bringen. Nach dieser Vita hätten die Gefährtinnen um eine Audienz bei Urban VIII. nachgesucht und dem Papst die trostlose Lage ihrer Mutter dargestellt. Nach den Dokumenten brachten die Engländerinnen aber ihre

Sorgen und Bedenken vor den Kardinalvikar Ginetti, der im Namen des Papstes mit ihnen zu sprechen hatte.[7)]

Nach dem Besuch des Prälaten Boccabella reichte Maria Ward ein neues Bittschreiben beim Papst ein; sie ersuchte um die Gnade, nach San Casciano gehen und sich dort im Sommer, also innerhalb des Kirchenstaates aufhalten zu dürfen. In der Sitzung vom 20. April gab der Papst seine Erlaubnis, verlangte aber die Überwachung ihres Aufenthaltes durch einen Inquisitor; dieser sollte berichten, wohin sie sich begeben wolle.[8)]

Im Mai reiste Maria mit zwei Begleiterinnen nach Umbrien; San Casciano war ihr von den früheren Aufenthalten in den Jahren 1624 und 1625 gut bekannt. Diesmal wurde sie überwacht. Mary Poyntz in der englischen Vita: die Überwachung sei das Werk der Feinde; diese hätten dem Papst Vorstellungen über eine mögliche Flucht gemacht; so sei es zur Beobachtung ihrer Schritte gekommen. Doch gehörte die Überwachung wohl zum Vorgehen beim Heiligen Offizium für solche, die noch im Schatten der Inquisition standen.[9)]

In der folgenden Zeit lässt sich der Verkehr zwischen der römischen Behörde und den Inquisitoren für die Monate in Umbrien gut verfolgen. Am 20. Juli 1634 beauftragte der Papst die Inquisitoren von Florenz und Siena, die ehemalige Generaloberin des aufgehobenen Jesuitinneninstituts unauffällig und genau zu beobachten; sie sei mit Erlaubnis der Kongregation nach San Casciano und Pianocastagnaio gereist und halte sich jetzt in Monte Santa Maria auf; falls sie einen anderen Weg als zu dem genannten Bad einschlage, sollten sie die Frau verhaften und sofort darüber berichten; man achte darauf, welchen Ort sie von Santa Maria aus aufsuche.[10)] Vor dem Dekret muss ein Brief mit dem Bericht von Marias Aufenthalt in Monte Santa Maria eingetroffen sein. Die Anordnungen des Papstes vom 20. Juli gingen am 22. an den Inquisitor von Siena.

Am 29. Juli machte der Inquisitor von Florenz, Fra Clemente O. P., den Kardinal in Rom aufmerksam, dass sowohl San Casciano wie

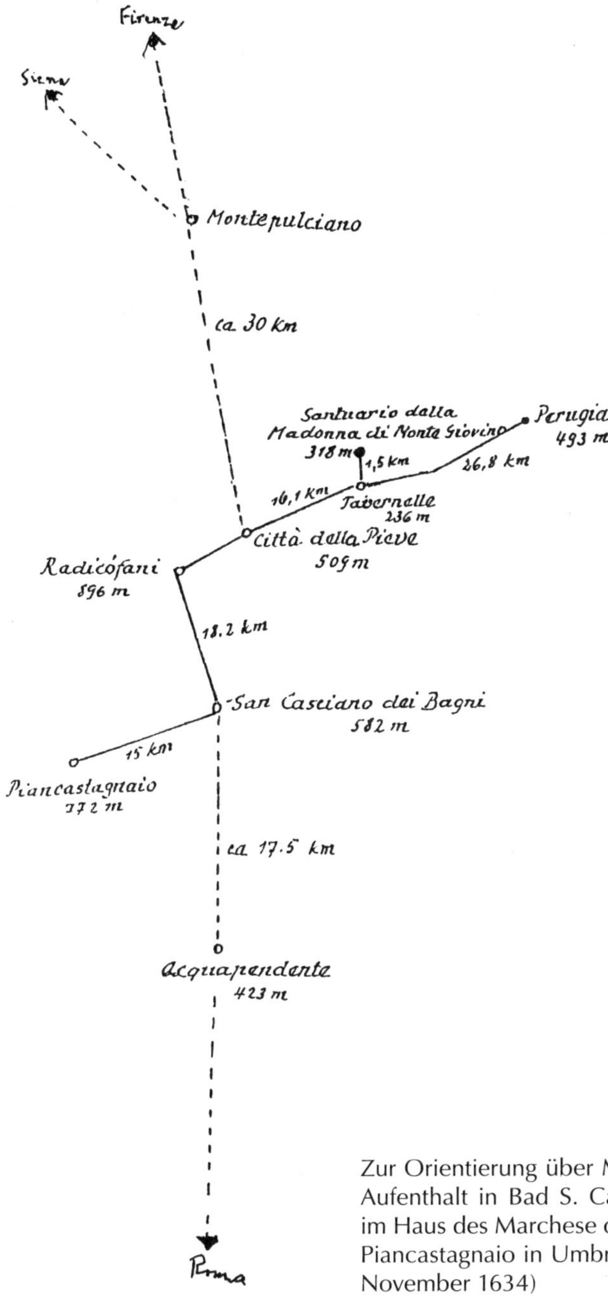

Zur Orientierung über Maria Wards Aufenthalt in Bad S. Casciano und im Haus des Marchese del Monte in Piancastagnaio in Umbrien (Mai bis November 1634)

Pianocastagnaio im Bezirk des Inquisitors von Siena liege, während Monte Santa Maria zur Region des Inquisitors von Perugia gehöre. Er habe die Patres der betreffenden Orte, alle Dominikaner, benachrichtigt und bitte um Weisung, falls die Angelegenheit auch sein eigenes Gebiet betreffe.[11)]

Am 31. Juli schrieb der Inquisitor von Siena, Fra Giovanni dalla Fratta O. P., an den Kardinal, er habe mehrere Personen mit der Überwachung der Maria della Guardia beauftragt, auch den Statthalter der Region, der ihn, den Inquisitor, im Fall der Notwendigkeit benachrichtigen werde. Monte Santa Maria sei von San Casciano mehr als 40 Meilen entfernt. Er habe einen Freund dort um Information über eine eventuelle Reise der Frau Maria oder ihre Rückkehr nach San Casciano gebeten unter dem Vorwand, einige Engländer hätten ihn in Siena um Auskunft gefragt.[12)]

Beide Schreiben kamen am 9. August 1634 in die Sitzung der Kardinäle. Nach Verlesung der Schreiben ließen sie nun auch dem Inquisitor von Perugia die Aufträge mitteilen, die zuvor nach Siena und Florenz gegangen waren. Dem Inquisitor von Perugia unterstand der Ort Monte Santa Maria.[13)]

Kurz darauf, am 14. August, berichtete der Sieneser Inquisitor, Fra Giovanni, sein Gewährsmann, der Statthalter der Region, Maria Ward habe sich in Pianocastagnaio aufgehalten und beabsichtige, wieder nach San Casciano zurückzukehren.[14)]

Am 26. August meldete der Inquisitor von Perugia, Fra Vincenzo Maria Pellegrini O. P., Maria Ward sei nie nach Monte Santa Maria gekommen, sondern habe sich stets in Pianocastagnaio aufgehalten, das dem Inquisitor von Siena unterstehe und Eigentum des Marchese del Monte sei. Sein Vikar von Città della Pieve habe ihm eine Nachricht mitgeteilt, die er vom Neffen des Erzpriesters von Santa Fiore erhalten habe: eine Dame, nach der Beschreibung wohl die genannte Maria, sei vor einigen Tagen gesehen worden, als sie in Pianocastagnaio zur Messe ging; anfangs September werde sie nach San Casciano zurückkehren. Pellegrini gab den Rat, durch den Inquisitor von Siena die Wege dieser Frau überwachen zu lassen.[15)]

In ihrer Sitzung vom 6. September 1634 beschlossen die Kardinäle nach Lesung der Schreiben aus Perugia und Siena, die beiden dortigen Inquisitoren zur weiteren Beobachtung der Engländerin zu ermahnen. Kardinal Barberini beauftragte am 9. September den Inquisitor von Siena aufs neue mit der Überwachung Maria Wards.[16)]

Am 25. September teilte der Inquisitor von Siena in Rom mit, Maria Ward sei nie in Monte Santa Maria gewesen, sondern habe sich bis zum letzten Augusttag im Haus des Marchese del Monte in Pianocastagnaio aufgehalten. Am 31. August sei sie nach San Casciano zurückgekehrt, weile nun aber wieder im Haus der Familie del Monte und bereite gegenwärtig ihre Romreise vor.[17)]

Dann meldete auch der Inquisitor von Perugia, Pellegrini, am 7. Oktober, Maria Ward sei nach San Casciano zurückgekehrt und werde nach der Kur die Rückreise nach Rom antreten, ohne nach Caldarola zu gehen, wohin sie von Kardinal Pallotta, dem früheren Nuntius von Wien, eingeladen sei. Pellegrini berief sich auf Mitteilungen des Erzpriesters von San Casciano, der ihm versprochen habe, die Abreise vom Badeort und den Weg, den sie einschlagen wolle, genau mitzuteilen.[18)]

Der Inquisitor von Siena berichtete am 9. Oktober, er habe einen Adeligen von Siena, Prokurator der Inquisition, Girolamo Aranni, um Hilfe in seiner Nachforschung gebeten; dessen Gemahlin weile zur Kur in San Casciano. Den ausführlichen Bericht Aranni's sende er mit dem Brief. So kamen Nachrichten über die Begleitung Maria Wards, über die Personen, mit denen sie verkehrte, selbst über die Kleidung der Frau nach Rom.

Der Adelige Sienese schrieb am 2. Oktober an den Inquisitor von Siena, was ihm seine Gemahlin mitgeteilt hatte. Im Mai sei Maria Ward mit drei Gefährtinnen nach San Casciano gekommen; jetzt trügen sie eine andere Kleidung, nicht mehr die frühere Jesuitinnentracht; sie hätten nun schwarze Kleider bis zum Fuß mit Seidenbesatz, weiten Ärmeln, einem breiten Kragen nach französischer Mode; auf dem Kopf hätten sie mit Seide bestickte Hauben und schwarze Hüte. Bis anfangs Juli hätten sie sich in San Casciano aufgehalten; dann sei eine von ihnen nach Rom zurückgekehrt, während die Frau Maria mit den anderen sich nach Pianocastagnaio in den Palast des Marchese del Monte begeben hätte; dort sei sie über den ganzen August geblieben. Dann sei sie mit ihren Begleiterinnen nach San Casciano zurückgekehrt und drei andere seien von Rom zur Wasserkur gekommen. Wie beim früheren Aufenthalt hätten die Frauen ihre Kur gemacht; in San Casciano seien sie mit den Adeligen und mit Damen verkehrt, besonders mit der Gemahlin des Oratio Magalotti – eine mit dem Papst verwandte florentinische Familie –, und der Gemahlin des spanischen Botschafters; beide hätten ihnen viel Achtung erwiesen. Als Kaplan hätte sie ein Kanoniker begleitet; beim Erzpriester hätten sie drei oder vier Mal in der Woche gebeichtet. Vor wenigen Tagen seien drei von ihnen nach Rom zurückgekehrt. Frau Maria habe wegen ihrer Erschöpfung durch die Kur noch nicht mitgehen können. Sie sei mit den Zweien, die noch bei ihr waren, wie auch sonst bei ihren früheren Aufenthalten in San Casciano, zur Madonna von Montegiovino gegangen und am Samstag zurückgekehrt. In Kürze werde sie nach Rom reisen; denn anderes hätte sie nicht vor; auch wollte sie den Kanonikus als Kaplan mitnehmen. Dies sei, was er, Aranni, habe erfahren können.[19)]

Überblicken wir den Aufenthalt: im Mai kam Maria Ward nach San Casciano dei Bagni, wo sie bis Anfang Juli blieb. Von da an bis 31. August war sie Gast des Marchese del Monte; vom 31. August bis 25. September setzte sie ihre Kur in San Casciano fort; dann kehrte sie wieder nach Pianocastagnaio zurück; Ende des dortigen Aufenthaltes war die kurze Pilgerfahrt zur Madonna von Montegiovino. Die Abreise nach Rom wurde wegen Marias Schwäche verschoben. Erst gegen Mitte November kam sie wieder nach Rom zurück. Die beiden Lebensbeschreibungen bringen dazu einige Einzelheiten: Fieber und Gesichtsrose hätten Maria auch von einer Reise nach Radicofani abgehalten, wohin sie eingeladen war. Ebenfalls sei sie der Einladung von Kardinal Pallotta nicht gefolgt. Ein Ordensmann habe Maria auf die Überwachung aufmerksam gemacht. Im Haus des Marchese del Monte habe sie große Gastfreundschaft erfahren. Ein adeliger Florentiner habe sie zur Flucht überreden wollen, was sie aber zurückgewiesen habe. Und mit der Wallfahrt nach Montegiovino seien Ängste verbunden gewesen.

Im Dekret der Sitzung vom 16. November in Anwesenheit des Papstes heißt es nur, die ehemalige Generaloberin der Jesuitinnen sei vom Badeort nach Rom zurückgekehrt und zum Fußkuss zum Papst gekommen.[20)]

Maria Ward war kaum alles bekannt, was wir heute von den Vorgängen wissen, von den Briefen der Inquisitoren und den Dekreten der Kongregation. Um die Bewachung muss sie gewusst haben; denn sie scheute sich, auch nur einen Schritt aus dem Kirchenstaat zu tun. Unter den peinlichen Erfahrungen mag sich in ihr die Überzeugung verstärkt haben, dass das Gerede, dem sie mit ihren Gefährtinnen seit der Aufhebung des Instituts ausgesetzt war, ihr beim Papst sehr geschadet habe. Wie tief muss sie die Überwachung gekränkt haben, obwohl sie diese tapfer hinnahm mit allem, was damit verbunden war. Sicher hatte sie um eine Audienz nach ihrer Rückkehr gebeten. Nur die beiden Biographien berichten, eine solche habe stattgefunden. Bei dieser Gelegenheit habe Maria Ward wieder die Frage vorgebracht, was sie noch tun solle, um den Heiligen Vater von ihrer Treue gegen Papst und Kirche zu überzeugen; wieder kam die bedrückende Frage, warum ihr Leben, ihre Ehre, ihre Freiheit, die höchsten Güter eines Menschen, bestechlichen und verleumderischen Menschen preisgegeben würden. Die Autorin der italienischen Vita bezog sich offenbar auf die Inquisitoren; denn sie kleidete Marias Frage in die Worte, ob denn ihre Ehre und ihr Leben diesem oder jenem Frate ausgeliefert seien, gemeint sind die Inquisitoren oder Dominikaner. Darauf habe der Papst beruhigende Worte gesprochen, solches solle nie wieder vorkommen; niemand solle sie wieder bei ihm anschwärzen dürfen; Worte, die in Wirklichkeit kaum auf diese Weise gefallen sein können. Der Papst habe gesagt: „In dem Vorgehen seien dumme Ungeschicklichkeiten und Gaunereien – sciocchezze e furberie – vorgekommen." Eine außerordentlich merkwürdige Äußerung aus dem Mund Urbans VIII.! Stand er ja selbst hinter all den Vorgängen mit seinen Entschlüssen und Forderungen. Wie hätte er in Gegenwart seiner Besucherin so reden können, dass in dem unter seiner Regie geführten Prozess solche Ungerechtigkeiten gegen eine unschuldige Person vorgekommen seien! Wahrscheinlich haben wir auch hier Umdeutungen der Papstworte, die auf häusliche Interpretationen der Gefährtinnen zurückgehen. Denn in den Schreiben der Inquisition sind weder falsche Meldungen noch unmittelbare Ungerechtigkeiten festzustellen, wenn die Methode auch nicht als glückliches Vorgehen der Glaubensbehörde zu bezeichnen ist.[21]

Die Ereignisse in den Monaten vom Februar bis zum November 1634 geben einen tiefen Einblick in die schwierige Lage der Gründerin. Sie konnte zwar in Rom kleine Erfolge verzeichnen, vor allem den Erwerb eines eigenen Hauses und das gemeinsame Wohnen dort mit den Gefährtinnen. Auch erlebte sie Freundlichkeiten von seiten des Papstes und seiner Familie. Fehlte ihr aber nicht jenes Vertrauen des Pontifex, auf das sie immer wieder gehofft hatte? Wenn Konfiszierungen von Schriften, Überwachungen von Inquisitoren mit Berichterstattung auch zum normalen Vorgehen des Heiligen Offiziums gehörten, so musste gerade eine Überwachung die Engländerin tief verletzt haben. Zudem fehlte ihr der klare Einblick in das gewöhnliche Vorgehen der Inquisition. Und sie selbst fühlte sich doch keines Deliktes für schuldig und war auch weder durch ein Verhör noch durch eine Gerichtsverhandlung für schuldig befunden worden. Die Frauen konnten in den Anordnungen des Glaubensgerichtes, wie z. B. in den Reiseverboten und der Überwachung, nur Misstrauen sehen, hinter denen sie Feinde vermuteten. Vielleicht brachten die Monate in Umbrien Maria erst ganz zum Bewusstsein, wie heillos sie und ihre Gefährtinnen in ihrer Ehre getroffen waren, wie aussichtslos ihre Lage in Rom war und wie ferne eine Aussicht auf ein bestätigendes Papstwort. Dieses Leid ist aus den Worten zu hören, die sie zum Papst gesprochen haben soll, wie immer sie gelautet haben mögen. Nach der Rückkehr 1634 bedeutete für sie das Verbot, Rom zu verlassen eine neue Prüfung. Sie hatte nach England gewollt und sich mit Umbrien begnügt. Sie verzichtete auf Besuche, um jeden Verdacht zu vermeiden. Auch die Pilgerfahrt nach Loreto war unterblieben. Wie hätte Maria noch mehr ihren Gehorsam bezeugen sollen?

XIII.
Die zwei letzten Jahre in Rom

Für die letzte Zeit in Rom von 1635 bis 1637 sind nur etliche Briefe erhalten und wenige sonstige Nachrichten; vom Heiligen Offizium liegen keine Schreiben mehr vor, nur vier Dekrete. Das erste Dekret geht auf eine Bitte der Gefährtinnen zurück, die unbeantwortet blieb.
Vor dem 23. August 1635 hatten die Engländerinnen um die Erlaubnis gebeten, dass zwei Gefährtinnen nach England reisen dürften; sie sollten die Zinsen von ihrem dort vorhandenen Vermögen holen; denn die Almosen und ihre eigene Tätigkeit konnten die tägliche Not nicht mehr beheben. Der Papst sandte wieder den Konsultor Boccabella und den Assessor des Heiligen Offiziums zu den Frauen. Die Entscheidung des Papstes fehlt im Dekretbuch. Sie ist wohl negativ gewesen, sonst ließe sich eine Notiz wenigstens in den Lebensbeschreibungen finden. Die Reise von zwei Gefährtinnen hätte viel Freude bei Maria Ward und den Zurückbleibenden bereitet.[1)]
Im Jahr 1636 trat eine merkliche Verschlechterung von Marias Gesundheitszustand ein. Sie konnte oft lange ihr Zimmer nicht mehr verlassen. Die Ärzte erhofften eine Linderung durch einen Aufenthalt am Meer. Aber auch die Wochen in Nettuno brachten nur eine vorübergehende Erleichterung. Dann kehrten die Übel ihrer Krankheit mit unverminderter Stärke zurück. Am 30. Juli 1637 empfing Maria die Sterbesakramente. Urban VIII. sandte seinen Bruder, Kardinal St. Onofrio, und seine Schwägerin Costanza Barberini in die Wohnung der Engländerinnen.
Am 5. August ging das Fieber zurück; aber Nierensteine quälten die Kranke weiterhin, die kaum essen und schlafen konnte. Nach einer schweren Nacht sagte sie am Morgen des 10. August, sie wolle in Spa Heilung suchen. Die Gefährtinnen standen ratlos da. Wie sollten sie

ihre Mutter lebendig dorthin bringen? Und woher sollte das Geld für die große Reise kommen? Maria Ward verwies sie auf die Vorsehung Gottes. So steht es in der englischen Lebensbeschreibung. Beide Autorinnen erwähnten für diese Zeit wieder Machenschaften von Feinden, die die Reise zu vereiteln gesucht hätten; diesmal hätten sie ihre Gründe mit der Sorge um die Erhaltung des Lebens der Kranken verhüllt; Urban VIII. sei nun aber für ihre Einflüsterungen nicht mehr zugänglich gewesen.[2)]

Es galt nun, die Erlaubnis des Papstes für die Reise einzuholen. Am 13. August kam die Angelegenheit vor Urban VIII. und die Kardinäle. Der Papst gewährte die Bitte, nach Lüttich zu reisen, um das Bad Spa zur Wiedererlangung ihrer Gesundheit aufzusuchen.[3)] Darauf bat Maria Ward in einem nicht aufgefundenen Memoriale, zwei oder drei Gefährtinnen als Begleiterinnen für die Reise mitnehmen zu dürfen. Nach Verlesung ihres Schreibens erlaubte der Papst am 20. August 1637 die Begleitung von zwei oder drei Gefährtinnen, die ihr angenehm seien.[4)] Wer waren die Begleiterinnen? Sicher Mary Poyntz und Winefrid Wigmore; gewiss auch Ann Turner, die Maria Ward in der Gefangenschaft im Angerkloster gepflegt und sie auf der dritten Romreise begleitet hatte. Die Engländerinnen hatten schon 1636 diese Reise erwogen. Doch scheint der Plan in der neuen Krankheitsphase untergegangen zu sein.

In den letzten römischen Wochen erfuhr Maria Ward viel Aufmerksamkeit vom Papst und seiner Familie. Dies bringen die beiden ältesten Lebensbeschreibungen mit großer Genugtuung zum Ausdruck. Urban VIII. habe es an Hochschätzung und Aufmerksamkeit für ihre Mutter nicht fehlen lassen. Sie selbst konnte nicht mehr zur Audienz gehen; aber ihre Begleiterinnen seien vom Papst empfangen worden. Er habe, so heißt es, Maria Ward „eine große Dienerin Gottes", „eine Heilige und große Dienerin Gottes" genannt, und versprochen, die Nuntien jener Städte, durch die sie reisen werde, zur Hilfe anzu-

weisen.[5] Sie erhielt dann auch von Kardinal Francesco Barberini Empfehlungsschreiben an die Nuntien in Turin und Paris.
Kardinal Francesco Barberini empfahl Maria auch der Königin Henriette von England am 28. August 1638 mit lobenden und warmen Worten. Die Güte der Königin gegen die in Rom hochgeschätzte Frau werde er als persönlich ihm erwiesene Wohltat empfangen. Maria Ward habe sich in das Bad Spa begeben, doch vor ihrer Rückkehr nach Rom habe sie sich entschlossen, mit ihrer Begleitung ihr Vaterland zu besuchen. Damit werde auch die gute Gelegenheit nicht versäumt werden, der Königlichen Majestät ihren Respekt zu erweisen. Nochmals bat er die Königin, ihre gewohnte Güte der Frau Maria und ihrer Begleitung zuzuwenden.[6]
Als Maria Ward dem Papst am 19. November 1638 von Lüttich aus ihren Dank für die Empfehlung durch Kardinal Barberini bei Königin Henriette schrieb, fühlte sie sich noch zu schwach, um in dieser kalten Zeit die Reise nach England zu unternehmen. Aber so bald es möglich sei, werde sie nach England reisen, wo sie eilig das ausrichten werde, was sie dort zu tun habe, um dann so bald es sein könne, an den Ort ihrer Ruhe – „luogo del mio riposo" – nach Rom zurückzukommen. In der Hoffnung, dass sie sich noch vielmals vor dem Papst einfinden werde, sandte sie ihre Glückwünsche.[7]

Aus beiden Schreiben ist zu ersehen, dass Maria den Willen hatte, nach Rom zurückzukehren, wie ihr sicher zuvor aufgetragen worden war. Die Gesundheitsnachrichten in beiden Briefen gaben wenig Hoffnung auf Besserung.[8]

Anmerkung zur letzten großen Reise der Pilgerin:
Vielleicht ist der Überblick über Maria Wards schwierigste Reise von Rom bis Paris und London im Jahr 1637 bis 1639 von Interesse, soweit sich die einzelnen Stationen und Ruhezeiten, die für die kranke Frau nötig waren, feststellen ließen.

10. – ca. 18. Sept.	Von Roma nach Siena, ca. 232 km; Aufenthalt 10 Tage.
28. Sept. – 1. Okt.	Von Siena nach Firenze, ca. 70 km; Aufenthalt 12 Tage.
13. bis 16. Okt.	Von Firenze nach Bologna, ca. 106 km; Aufenthalt (unbekannt).
Okt., ca. 7/8 Tage	Von Bologna nach Milano, ca. 218 km; kurzer Aufenthalt.
Ende Oktober	Milano – Vercelli – Torino, ca. 139 km; Aufenthalt unter der Obhut des Nuntius vom 3. bis 9. November.
11. Nov.	Überschreiten des Passes Mont Cenis.
Nach Chambéry–Lyon,	dann Ruhetage.
Lyon – Paris	Ankunft anfangs Dezember.
20. Mai 1638	Paris – Dinant – Charlemont – Lüttich.
20. Mai 1639	Von Lüttich – Saint-Omer – Calais – nach London.[9]

XIV.
Rückblick und Ausblick

Es wird von Nutzen sein, mit dem Blick auf Maria Ward und Papst Urban VIII., die Lage des Instituts unter zwei päpstlichen Dokumenten in den Blick zu bringen und sich zu erinnern, wie das Werk Maria Wards wieder seine Gründerin erhielt. Im letzten Abschnitt wird sich zeigen, was einheitliches Zusammenstehen und eine gründliche Kenntnis der Geschichte und der Tradition vermögen, um dann die Entscheidung des Papstes erbitten zu können.

Maria Ward

Nach allem, was an Sorge und Leid über Maria Ward gekommen war, ist die Frage berechtigt, welche Schuld auf ihr lag. Warum kam sie, warum blieb sie unter der Inquisition?

Das erste Warum hängt an dem unklugen Brief vom 6. April 1630, mehr aber noch an der Absendung der Visitatorin mit gleichen Anordnungen. Aber was auf Schuld hindeuten konnte, klärte sich in der Folgezeit auf; denn ein Widerstand gegen Kirche und Papst lag nicht vor, wenn auch anfänglich noch das volle Verständnis für den Zusammenhang der kirchlichen Autoritäten zu klären war. Für Maria Ward gab es kein Verhör, kein Urteil über Untreue gegen Glauben und Gehorsam.

Das zweite Warum findet auch seine Erklärung. Das Bleiben unter der Inquisition gehörte zum Vorgehen dieser Behörde. Vielleicht sah man diese Weise des Festgehaltenwerdens wegen der Gründung eines so modernen Instituts als Nutzen an, weil die Gründerin mit solcher Tatkraft ihr Werk vorangebracht und Aussicht auf weitere Verbreitung

geschaffen hatte. Eine so neue Form jedoch des Ordenslebens für Frauen konnte damals noch nicht als Segen für die Kirche angesehen werden.
Wer alle Schreiben durchsieht, die die Gründerin an den Papst und an die Kardinäle seit dem Beginn ihrer römischen Zeit gerichtet hatte bis zum letzten Brief von 1640, wird von der Treue dieser Frau gegen Kirche und Papst überzeugt sein.
Wie bestand Maria Ward die schwere Zeit unter der Inquisition, dass sie im September 1637 trotz ihres unerfreulichen Gesundheitszustandes in vollem Frieden Abschied nehmen konnte? Eine schlimme Periode ohne Bewegungsfreiheit für die Frau, die früher so viel unterwegs war, lag hinter ihr. Wer Maria Ward kennt und auch ihre Geschichte verfolgt hat, entdeckt wohl in den Jahren unter der Inquisition den zweiten Höhepunkt ihres Lebens, höher gelegen als die 20 Jahre mit ihren vielen Mühen, aber auch vielen Erfolgen, als es um den Aufbau ihres Institutes ging. Aber für eine Gemeinschaft als Frauenorden ohne die vorgeschriebene Klausur und dazu mit einer ignatianischen Lebensform war die Zeit noch nicht gekommen; zwar wurde die Nachahmung der Gesellschaft Jesu nicht genannt in den wichtigen Dokumenten; wer aber die Vorgänge kennt, sieht genau, dass dies ein unerwünschter Zusatz zur Klausurlosigkeit war. Eine konsequente Mädchenerziehung und eine frauliche Hilfe in menschlichen und religiösen Diensten wäre auch damals schon eine Notwendigkeit gewesen, wie gerade der Einsatz der Frauen in England zur Zeit der dortigen Katholikenverfolgung erkennen lässt. Doch so weit sah man von Rom aus noch nicht. Marias Institut musste noch verschwinden. Die Bulle half mit bei den letzten Aufhebungen, sie wuchs aber auch für das Institut wie zu einem Turm heran, der mehr als zwei Jahrhunderte lang nicht übersehen werden konnte; er blieb als Gefährdung der neuen Existenz sichtbar.
Die Gründerin verlor die Niederlassungen, viele bisherige Mitglieder trennten sich von ihrem Werk; ihre eigene Ehre war länderweit verlo-

ren, was sie als Engländerin sehr empfindlich traf. Mit der Schar der ihr Getreuen, die bei ihr blieben und ihre Sorgen mittrugen, wurde auch die große, eigentlich hoffnungslose, materielle Armut angenommen. So ist wirklich die Frage berechtigt, in welcher inneren Lage Maria Ward diese größte Notzeit ihres Lebens bestehen konnte.

Blicken wir auf die Leidensjahre Maria Wards unter der Inquisition zurück. Sie unterwarf sich den jeweiligen Forderungen. Alle Schreiben an Papst und Kardinäle bezeugen ihre Treue zu Kirche und Papst, auch wenn Vorgehen und Behandlung ihr wohl unverständlich geblieben sein mussten. Sie scheute sich nicht, ihre Klagen offen vorzulegen. Eigentlich kamen bewegende Bitten vor Urban VIII. und seine Kardinäle. Der Ehrverlust für ihre Person und ihre Gefährtinnen traf sie alle wohl am tiefsten. Und doch konnte sie ihre Bereitschaft erklären, die Strafe zu erleiden, die gerechterweise einem Schuldigen, nicht aber einem Unschuldigen auferlegt werde. Gehört wurde sie nicht. Eigentlich fand der ganze Prozess keinen anderen Abschluss als den fortdauernden Gehorsam der Gründerin. Ihr Vertrauen auf Gott ließ sie durchhalten in diesen schweren Jahren. Von dieser ihrer Haltung kann man erkennen, auf welches Fundament nun eine zweite Periode des Instituts aufgebaut werden konnte.

Ein bewegender Abschnitt kurz vor dem Ende ihrer römischen Zeit ist uns erhalten, die letzte geistliche Aufzeichnung von ihrer Hand. Sie stammt vom St. Gregorstag, immer ein heiliger Tag für die Katholiken Englands, vom 12. März 1636, in der sie bis heute ihre Antwort gibt, wie und weswegen sie durchhalten konnte.

Wie über Briefen und Eingaben steht auch über dieser Schrift ihr Zeichen: „Ihs“, der Name Jesus. Dann folgen drei kurze Einträge über die zwei Perioden ihres Lebens: „Damals … Nun …“ und zuvor steht ein Ruf großer Bewunderung, der sich an Gott richtet. Ihre Worte passen nicht einfach nur auf das, was ihr in diesen Jahren im irdischen Bereich geschehen war; ihr Geist und ihre Seele sprachen darin viel mehr aus. Dann erst folgen die Bogen, die ihr Leben einschließen.

„Ihs.

O wie gut sind deine Taten geordnet, mein Herr und Gott.
Damals sagtest du, dass die Gerechtigkeit die beste Verfassung sei.
Nun zeigst du, wie solche Gerechtigkeit erlangt wird.

Damals sagtest du, was ich zur Sühne für meine Sünden tun solle.
Nun zeigst du, wo solche Genugtuung geleistet wird.

Damals zeigtest du, dass ich gerettet werde.
Nun das Gleiche, mit einiger Ergänzung." [1)]

Mit dem Wort zum ersten Bogen berührte Maria die Gerechtigkeit, eine Grundachse für ihr Leben. In den Jahren von 1615 bis 1618 finden sich immer wieder kurze Worte, die von der Gerechtigkeit sprechen und auf die Maria verweist. Für sie bedeutete Gerechtigkeit die gerade, aufrichtige Ausrichtung aller Dinge, die in ihr Leben kamen, auf Gottes Willen, das rechte Sein vor Gott. In ihrer Gebetsstunde ging ihr Blick auf die Erfahrungen, die hinter ihr lagen: dies alles also gehörte zu ihrem Weg der Gerechtigkeit.
Der zweite Bogen erinnert an ihre Exerzitien des Jahres 1618, als sie Gott um Licht bat, wie sie für ihre Fehler und Nachlässigkeiten Sühne leisten könne. Damals ging ihr auf, sie solle die Schwierigkeiten, die ihr begegnen würden, willig hinnehmen. Damals meinte sie, dass bei ihrer „Geistesverfassung kaum eine nennenswerte Schwierigkeit aufkommen" könne. Die Gefährtinnen brachten dafür ein Bild in den Zyklus des Gemalten Lebens. In der Inschrift heißt es, sie solle alle Beschwernisse freudenmütig ertragen, die sich in der Vollziehung des göttlichen Willens ereignen würden. In der Gebetsstunde 1636 sah sie, wo die Gelegenheiten zur Sühne zu leisten waren.
Dann folgte auch ein dritter Bogen, die Aussicht auf das ewige Leben.

Große Wünsche hatten sich erfüllt, wie sie es in der Ruhe ihres Betens erfassen konnte. Es bedeutete für sie Friede, als sie diesen dreifarbigen Regenbogen über ihrem Leben sah, drei Wünsche gingen in Erfüllung, die ihr Leben ausmachten. So muss sie sich aufgemuntert auf die nächste Wegstrecke begeben haben, nachdem sie sich keine Sorgen mehr machen musste um Vorgänge und Erlebnisse, die hinter ihr lagen und auch noch auf sie zukommen würden. Das erlittene Unrecht, wie sie gerade mit ihrer englischen Natur viele Vorgänge beurteilen musste, bot für sie keine Beängstigung mehr. Im Frieden Gottes konnte sie auch ins letzte römische Jahr gehen und erwarten, was weiter kommen werde. Sie wusste sich behütet, auch im Gedanken an ihr Institut.

Papst Urban VIII.

Maria Ward war nach Rom gegangen, um vom Papst die Approbation für ihre Gründung zu erbitten; sie versprach sich auch Erfolg von ihrem persönlichen Erscheinen, da sie aus einem Land kam, in dem die Katholiken verfolgt wurden. Noch wusste sie nicht klar, dass ein ganzes Netzwerk von Kongregationen und Helfern um den Pontifex war, mit denen auch der Bittende dann zu tun hat. In der ersten Zeit war dieser mutigen Frau wohl auch noch nicht klar, dass die, welche der Papst sendet mit einem Auftrag, Bischöfe und Nuntien, mit der Autorität des Papstes ihre Botschaft bringen. Noch Winefrid Wigmore scheint dies 1630 nicht gewusst zu haben, wenn sie sich verteidigte, sie sei dem Papst nie ungehorsam gewesen, sondern habe nur dem Bischof und dem Nuntius widerstanden. In England, nach Aufhebung der kirchlichen Ämter, hatten die Frauen keinen Bischof mehr gesehen. Hochgeachtet und verehrt blieb aber der Papst für die dortigen Katholiken. Auch Maria kam mit großer Ehrfurcht und Erwartung zum römischen Pontifex.

Maria blieb in Rom, auch als sie schon von Gregor XV. gehört hatte, dass für die Approbation einer weiblichen Ordensgemeinschaft die Annahme der Klausur verlangt war. Als Urban VIII. im Jahr 1623 gewählt war, blieb sie ebenfalls vor dem neuen Papst bittend stehen. Der Italiener mag sich gewundert haben über die Kühnheit einer Frau, die ihn um Anerkennung eines so modernen Frauenordens bat. Seitdem standen sich in diesem Drama auf Jahre hin diese zwei Hauptpersonen gegenüber, der italienische Papst und die englische Maria Ward. Urban sah die Bittende schon bald aus nächster Nähe, da er ihr im Oktober 1624 in Mondragone eine Audienz gewährte. Erst kurz zuvor hatte sie, 1623, die Erlaubnis zu drei Gründungen in Italien erhalten. Darum sah sich der neue Papst schon sehr bald zum Handeln verpflichtet; er hob 1625 die drei Niederlassungen auf, Perugia, Neapel und Rom. Ganz schnell ging es mit Perugia, für Neapel dehnte sich die Zeit bis zum Untergang länger aus. Das Haus in Rom blieb bestehen bis 1700. Stärker belasteten die drei Gründungen in Bayern, Österreich und Ungarn vom Jahr 1627/28 den Pontifex. Sein Unwille verstärkte sich durch Marias Drängen auf eine Niederlassung in Prag. Nun setzte er zur Untersuchung der Institutsgründung eine Partikularkongregation ein und sprach am 7. und 14. Juli seinen Willen zur Aufhebung dieses Instituts aus.[2)]

Doch empfing er die Gründerin auch bei ihrem zweiten Romaufenthalt im Mai 1629 wieder in Audienz, diesmal in Castelgandolfo. Aber es kam kein Wort über seine Lippen, dass die Aufhebung schon beschlossene Sache sei. Mit diesem Schweigen richtete er sich an das damals gebräuchliche Vorgehen, dass der höhere Vorgesetzte schwierige Entscheidungen durch die nächste Obrigkeitsstufe ausrichten ließ; so gingen nicht nur Päpste vor ; auch der hl. Ignatius und die Ordensobern folgten diesem Gebrauch. Sicher hatte die Engländerin ein offenes Wort erwartet, war doch die Kunde von der Aufhebung in der Propagandakongregation im Juli schon an der römischen Kurie und in Rom weithin bekannt. Und Maria erwartete die Antwort

auf ihre Bitte unmittelbar vom Papst. Diese aber bekam sie nicht zu hören. So lange ihr Werk unter der Propaganda stand, verlangte der Papst in den verschiedenen Dekreten, die mit Maria Wards Institut zu tun hatten oder es berührten, immer wieder die Aufhebung; z. B. am 12. Januar, 7. April, 2. Oktober, 20. November im Jahr 1629; am 26. Februar, 19. März und 22. November im Jahr 1630.
Mehr noch als die geglückten Gründungen erschütterte den Pontifex der ins Lateinische übersetzte Brief vom 6. April 1630; er hatte doch Maria Ward ganz anders vor sich gehabt in ihrer Person und in ihren Bittschriften; nie hätte er von ihr einen solchen Aufstand gegen die Kirche erwartet. Die Bemerkung im Dekret vom 20. Juni 1630, dass die angebliche Oberin eine schwere Strafe verdiene – „ipsamque superiorem maereri gravem mortificationem" –, ist zu verstehen. Und dann kamen auch noch die Berichte über den Aufstand, den die Visitatorin in die Lütticher Gemeinde gebracht hatte und die verwirrten Antworten im Verhör. Von diesem Zeitpunkt an geriet die harte Strenge Urbans VIII. in die Aufhebungsbulle, die nun zügig vorbereitet wurde. Dieses Institut musste ganz und gar aus der Kirche verschwinden. Auch aus den nächsten Dekreten von den Sitzungen im Heiligen Offizium vom November 1630 ab ist die Strenge und Härte des Papstes zu Wort gekommen. Erst allmählich setzte sich in Urban VIII. eine Besänftigung durch. Die Gehorsamserklärungen Maria Wards und ihrer Gefährtinnen schienen ihn zu überzeugen. Auch die Nachrichten, die ihn von Dekan Golla erreichten, dass die Jesuitinnen ihren Habit abgelegt hätten, dass sie die Verkündigung der Bulle ohne Widersetzlichkeit überstanden und alle in Ruhe blieben, mögen den leicht erregbaren Charakter des Barberinipapstes beruhigt haben. Dennoch begegnet man immer wieder einer merkwürdigen Härte in den Beschlüssen. Wenn er z.B. etliche Male das Aufgeben der gemeinsamen Wohnung von den Gefährtinnen in Rom verlangte, ohne den Versuch, ihre Situation in die Entscheidung einzubeziehen, gewinnt man den Eindruck, dass ihm der Blick für die Lage dieser Frau-

en im fremden Land fehlte. Um es mit einem Ausdruck des Heiligen Offiziums zu sagen, es fehlte ein regelrechtes Verhör, das in Freiheit hätte geführt werden müssen, um den Absichten dieser Frauen wie ihrer tatsächlichen Lage gerecht werden zu können. Die Suppliken vom 25. März 1629 und vom 28. November 1630 [3)] konnten einen solchen Einblick nicht hinreichend ersetzen. Und ohne ein solches Bindeglied musste sich im Papst die Härte verstärken, mit der er dann auch auf die totale Auflösung drängte, ohne vielleicht zu wissen, was diese Frauen Gutes für und in der Kirche tun wollten. Auch in Maria selbst und in ihren Gefährtinnen wuchs eine Starre in dem Bewusstsein, es geschehe ihnen Unrecht, sahen sie sich doch einseitig als Schaden für die Kirche hingestellt. In diesem Sinn dürften die englischen Frauen die Bulle vom 13. Januar 1631 empfunden haben. Auch da gab es nur den Gehorsam, der einmal aus dem Labyrinth ihrer Tage einen Ausweg freimachen konnte.
Im Jahr 1633 kamen die Dekrete, in denen die Stimme des Papstes gehört wurde, meist mit ausgeglicheneren Tönungen. Schließlich gab der Papst auch sein Jawort zum Kauf des römischen Hauses; ohne diese Erlaubnis hätte Maria Ward auf den Erwerb der ersehnten Niederlassung verzichtet. Nicht aus den Dekreten ergibt sich die Gewissheit für dieses Zugeständnis; dies ist nur den handschriftlichen Briefen Maria Wards zu entnehmen.
War Urban VIII. zum Misstrauen geneigt? Der Bittenden hatte er die Reise in die Heimat abgeschlagen, aber die Erlaubnis für das Bad San Casciano in Umbrien gegeben; doch sorgte der Papst für die Überwachung von den Inquisitoren, um zu verhüten, dass diese arme Frau die Flucht ergreife. Der Inquisitor von Siena, in dessen Distrikt der Badeort lag, die von Florenz und Perugia wurden mit der Bewachung eventueller Reisen beauftragt. Maria erfuhr von der Beobachtung ihrer Person; es bleibt die Frage offen, ob sie von der ausgedehnten Anordnung des Papstes etwas Genaues gehört hatte. Den Aufzeichnungen der Gefährtinnen in den Lebensbeschreibungen

ist zu entnehmen, dass eine Überwachung ihrer Tätigkeit den Feinden zuzuschreiben sei, nicht aber dem Papst zugeschrieben wurde. Die drei Inquisitoren berichteten und klärten auch unrichtige Mitteilungen auf, das war ihre Aufgabe. Die Klagen Maria Wards in der Audienz nach ihrer Rückkehr im November 1634 bezogen sich auf ihr Leben und den Verlust ihrer Ehre; sie fragte, ob diese Güter von dem abhängen dürften, was dieser oder jener Frate sage. Ob diese Worte vermuten lassen, dass sie von der großen Überwachung Kenntnis hatte, wissen wir nicht. Was die Verfasserinnen beider Viten bringen, lässt sich nicht dem Papst zuschreiben. Darin heißt es nämlich, dass „wirklich in den Informationen und im Prozess Albernheiten und Gaunereien vorgekommen seien". Urban VIII. habe dann auch ein hohes Lob für Maria Ward ausgesprochen, sie sei „eine Frau von großer Begabung, Geistigkeit und Klugheit und was mehr sei, eine große Dienerin Gottes." Konnte der Papst von dem Prozess, den er geleitet hatte, und von den Informationen, die er verlangt hatte, von „Albernheiten und Gaunereien" sprechen! Die Worte in diesen Lebensbeschreibungen stammen wohl aus Übertreibungen und Auslegungen vom Kreis der Gefährtinnen und Freunde.
Im letzten römischen Jahr zeigte sich der Papst selbst nur von seiner gütigen und freundlichen Seite. Die Nachrichten bezeugen die guten Beziehungen zwischen der Engländerin und der Familie Barberini.
War Maria, als sie sich auf die Reise nach dem Norden begab, aus dem Schatten der Inquisition entlassen? In den Schriften aus dem Archiv der Inquisition findet sich darüber keine Nachricht. Aber dass sie auf die Rückkehr nach Rom verpflichtet war, lesen wir aus Briefen nach der Abreise aus der Ewigen Stadt.[4)]
Es gibt noch ein letztes Schreiben von Maria vom 14. Februar 1640 aus London an Papst Urban VIII. Sie sprach darin aus, dass sie vorhabe, im Frühling 1640 nach Rom zurückzukehren. Es gereiche ihr mehr zum Trost, wenn sie sich zu Füßen Seiner Heiligkeit befinde, als in ihrer Heimat bei ihren Verwandten zu sein. Seit drei Wochen

plage sie eine schwere Krankheit, die sie schon von der Rückkehr im Herbst abgehalten habe. Aber im Frühjahr, gesund oder krank, wenn Gott ihr das Leben erhalte, werde sie sich auf die Romreise begeben. Die Gegenwart und der Schutz des hohen Vaters und höchsten Patrons werde sie glücklich machen. Und einmal, wenn sie dort sein werde, hoffe sie die Gnade zu erlangen, für die sie bisher wegen ihrer Sünden zu unwürdig gewesen sei, um sie zu erhalten: jedoch werde sie seine Güte nicht belästigen mit etwas, was seinem Willen widerstrebe.[5)] Konnte Maria Ward nach allem, was hinter ihr lag, nochmals auf die Erlangung der Bestätigung ihres Werkes zurückkommen? Das deuten doch die Sätze in diesem Brief an. Daraus wird auch ersichtlich, dass sie dem Papst eine große Kehrtwende in seinen Auffassungen zutraute.

Das Verhältnis zwischen der Engländerin und dem Italiener hatte eine Wandlung erfahren. Sie hatte dem Papst viel Gutes zu verdanken; darum konnte sie in dem letzten Brief an Urban VIII. das anklingen lassen, was immer ihr großes Anliegen geblieben ist, die Approbation ihres Instituts. Sicher hing dieses Verlangen auch an dem neuen Haus in Rom.

Von der Bulle „Pastoralis Romani Pontificis“ zur Konstitution „Quamvis Iusto“

Es gab immer wichtige Dokumente, die schnell vergessen wurden. Aber die Bulle „Pastoralis Romani Pontificis“ blieb konstant auf den römischen Arbeitstischen der Kanonisten; waren für das Institut, das sich auf keine kirchliche Anerkennung berufen konnte, Verhandlungen zu führen, kam die Bulle mit ins Gespräch. Das geschah besonders im Jurisdiktionsstreit, als der Augsburger Bischof sich um 1745 gegen eine Generaloberin wehrte, die von außerhalb seiner Diözese den zwei Niederlassungen Augsburg und Mindelheim Anordnungen zu geben sich für befugt halte. Dieses Amt wollte Bischof Joseph von Hessen-Darmstadt abschaffen. Dem Vorhaben konnte die Kommunität Mindelheim nicht zustimmen. Die Oberin Claudia von Bernhausen mit ihren 16 Schwestern erbat Hilfe vom Wittelsbacher Haus, war ja ihre Niederlassung vom Sohn Maximilians I. gegründet und stand damals auf Wittelsbacher Boden. So kam es auch zur Appellation an Papst Benedikt XIV., nachdem der Bischof schon mit häufigen Briefen in Rom sein Anliegen vorgelegt hatte.

Der gelehrte und auch gütige Papst wollte zu einem gerechten Urteil kommen und ließ sich, um Klarheit über das Institut zu erhalten, alle Dokumente aus den Vatikanischen Archiven, auch aus der Inquisition vorlegen. Unter den vielen Schreiben entdeckte er auch die Bulle Urbans VIII., die für ihn nichts Neues war. Sie hatte noch Gültigkeit, war ja nie widerrufen worden; die Bulle war der Ausgangspunkt zur Konstitution „Quamvis Justo" vom 30. April 1749. Er sah, dass er von diesem Schreiben ausgehen müsse.

Wie er es 1742 für die Oberin von St. Pölten getan hatte, die er zur Generaloberin ernannte, bestätigte nun Benedikt XIV. das Amt der Generaloberin in München, allerdings mit reduzierten Rechten. Diese Einrichtung hatten die Schwestern aus der Tradition des ersten Instituts beibehalten, damit die Zusammengehörigkeit unter den Häusern in den verschiedenen Diözesen einigermaßen garantiert und der Austausch der Kräfte, die Versetzungen, möglich bleibe. Die Bischöfe der anderen Diözesen hatten mit dem Amt einer Generaloberin keine Schwierigkeiten zu melden. Mit dem Beschluss, dass den Mitgliedern eine „Oberstvorsteherin" zuerkannt wurde, öffnete der Papst einen Spalt für das Weiterleben des Instituts wie der Frauenkongregationen überhaupt, wenn dies auch von den bedrängten Mindelheimerinnen wie von anderen Frauengemeinschaften lange nicht als Möglichkeit und Wohltat begriffen wurde.

In der Kardinalskongregation beschloss der Papst die folgenden Dekrete: [6)]

Die Bulle Papst Urbans VIII., wodurch das Institut der Jesuitinnen aufgehoben wurde, bestehe fort in voller Gesetzeskraft; sie sei niemals aufgehoben worden; die von einigen behauptete spätere Duldung (des Instituts) stehe im Widerspruch zu der genannten Bulle.

1. Das Institut der englischen Jungfrauen sei nicht das Institut der Jesuitinnen.
2. Da alle anderen Konstitutionen verboten sind, seien die englischen Jungfrauen nur auf die von Clemens XI. approbierten Konstitutionen (d. h. die 81 Regeln) verpflichtet. Dann folgt die Forderung zum Gehorsam gegen die Anordnungen Urbans VIII., wie es weiter vorgeschrieben ist.

   Der Papst hatte festgestellt, dass die englischen Jungfrauen vielleicht irriger Weise – errore forse ductas – Maria Ward mit Hymnen und Festen feierten und ihr auch den Titel einer Seligen mündlich und schriftlich gäben. Diesem irrigen Vorgehen soll das folgende Dekret dienen:
3. Es sei ihnen nicht erlaubt, Maria Ward oder della Guardia als ihre Mutter oder Stifterin anzuerkennen; noch weniger sei ihnen oder wem immer erlaubt, dieselbe gleich einer Seligen anzurufen, ihr eine öffentliche Verehrung oder sonstigen Kult zu erweisen, der als Bestätigung ihrer angeblichen Heiligkeit angesehen werden könnte.

Auch dieses Dekret haben wir approbiert und bekräftigen es mit der Autorität der vorliegenden Konstitution.

Bei den Schwestern hatte sich eine warme Verehrung für Maria Ward entfaltet. Sie war das Band, das sie zusammenhielt. Die Verbundenheit mit der Gründerin lässt sich gut erkennen und auch fühlen, wenn jemand auch nur 100 von den mehr als 1200 Seiten des Textes liest, den der schwäbische Priester Markus Fridl in seiner Englischen Tugend-Schul von 1732 in Augsburg veröffentlicht hat.

Wieder kam mit den Bestimmungen von Papst Benedikt XIV. ein schwerer Schatten, ja eine Art von Verfinsterung über die Gemeinden des Instituts, wie sie schon im Jahrhundert zuvor von der Bulle ausgegangen war. Der Schrecken traf zuerst und vielleicht am eindringlichsten die Mindelheimerinnen, die am meisten für die Sache des Instituts gelitten hatten. Aber alle deutschen Häuser waren tief getroffen. Zu den Schwestern in York kamen die Nachrichten erst durch die Priester, die zur Zeit der Französischen Revolution nach England flüchteten. Immer wieder wurden die Mitglieder, besonders in Deutschland, von ihren Bischöfen zur Beobachtung der Vorschriften von Benedikt XIV. ermahnt, vor allem in Augsburg und Passau. Die Schwestern, die sich auskannten, unterwarfen sich, weil der Papst gesprochen hatte. Da und dort kam es zu Austritten: die Frauen durften ihre Gründerin nicht mehr nennen, sie nicht mehr wie bisher verehren und hatten nur die 81 Regeln und eine beschränkte ignatianische Tradition; die früheren, 1707 bestätigten Konstitutionen vom Bischof von Freising waren auch nicht mehr in Geltung.[7)] Heute kann man nur staunen, dass die Erinnerung an Maria Ward nicht unterging.
Im Jurisdiktionsstreit verlangte der Augsburger Bischof Joseph, die Tafeln des Gemalten Lebens wegzuschaffen; sie kamen 1745 auf den Speicher. Aber die Schwestern vermissten sie und sie kehrten 1773 wieder zurück auf die Gänge des Hauses. In der Chronik ist zu lesen: „Am 30. Januar 1773 an dem Fest unserer gottseligen Stifterin sind die Tafeln von ihrem Leben aufgemacht (aufgehängt) worden."[8)]
Aufs neue ermahnten die Bischöfe in Augsburg und Passau, alle Vorschriften der Konstitution einzuhalten. Im Jahr 1844 verwies der Augsburger Bischof A. Peter von Richarz mit Nachdruck auf die Dekrete von Papst Benedikt XIV. Er schickte jeder Schwester in seinen beiden Institutshäusern einen Auszug aus der Konstitution und verlangte wieder, das Gemalte Leben zum Speicher zu bringen; 1863 verordnete sein Generalvikar die jährliche Lesung der Konstitution und die Prüfung der Novizinnen über den Inhalt. Doch das Verhältnis

des Augsburger Hauses zu Bischof von Richarz blieb auf beiden Seiten freundlich und wohlwollend. Die Vorgänge in Augsburg wurden bekannt und verstärkten da und dort die Zurückhaltung in Sachen Maria Wards. So kam eine gewünschte Sammlung von bischöflichen Unterschriften zu Gunsten des Instituts nicht zustande.
Auch viele kostbare Erinnerungen gingen in dieser Zeit verloren. So schaffte man in Burghausen und Altötting die alten Chroniken fort nach Erstellung von Zusammenfassungen, in denen Maria Wards Namen nicht mehr vorkam. Dies ging auf die Vorschriften von Bischof Heinrich von Hofstätter von Passau zurück, der nach dem Beispiel des Augsburger Oberhirten die Konstitution Benedikts in den Niederlassungen seiner Diözese wieder betonte. In Altötting wurden kostbare Erinnerungen verbrannt. Auch in York gingen wertvolle Dokumente ins Feuer. Und dort hörten auch die regelmäßigen Besuche der Gemeinde auf dem Friedhof von Osbaldwick auf.

Trotz allem ging das Andenken an die Gründerin nicht unter. In der Augsburger Kommunität erhielt durch lange Zeit bis ins 20. Jahrhundert jeweils ein Mitglied für drei Monate den Auftrag, drei Namen zu wiederholen, die in der Kommunität nicht vergessen werden dürften, und sie der nächsten Beauftragten zu sagen. Die drei Namen waren: Maria Ward, Edward Catherick und John Lockwood, Märtyrer in der englischen Verfolgung, die am 13. April 1642 grausam erhängt worden waren. Mary Poyntz hatte die Reliquien dieser Blutzeugen nach Augsburg gebracht, wo sie bis 1888 verblieben; erbeten von den Benediktinern von Downside, wurden sie zur dortigen Sammlung der Märtyrerreliquien gegeben. Die Namensweitergabe von Generation zu Generation ließ in Augsburg den Gedanken aufkommen, dass auch die sterblichen Überreste Maria Wards nach Augsburg gekommen seien.
Die deutschen Schwestern lebten ihre Verbindung mit Maria Ward im Schweigen weiter; es gab auch weltliche Personen, die diese

einzigartige Frau bewunderten, und sie als mutige und hart geprüfte Schwester verehrten, während die Juristen immer Bulle und Konstitution im Blick behielten; Maria Ward war ein dauerndes Problem des kanonischen Rechtes.
Bücher sind auch nötig, um ein Anliegen lebendig zu erhalten. So bedeutete auch das gebotene Verschwinden der Bände der „Englischen Tugend-Schul" von Markus Fridl eine Verarmung für die Mitglieder. Mit anderen kleinen Maria-Ward-Schriften wurde das Werk 1751 auf den Index gesetzt. Das hatte der Augsburger Bischof erreicht. Trotzdem gab es immer wieder kleinere und auch einige größere Veröffentlichungen. In München und Passau suchten Historiker nach Schriften über die Gründerin in ihren Instituten, um mit Dokumenten einen besseren Einblick in ihr Leben zu erhalten. Johannes Nepomuk Buchinger ging es um eine Antwort mit seinem langen Artikel „Erinnerungen an die erste Gründung und erste Verbreitung des Instituts der englischen Fräulein in Bayern", 1857, wie das Institut in München nach 1631 weiterexistieren konnte.[9)] Da ihm die nötigen Unterlagen fehlten, konnte er keine befriedigende Auskunft finden, aber landweit wurde durch seine Ausführungen das Interesse der Leser auf das Apostolat und die Erziehung der Mädchen hingelenkt.
Jakob Leitner aus Passau wollte 1869 „die unklaren Lebensverhältnisse der Maria Ward einigermaßen erhellen, ihre Beziehung zum bestehenden Institut genau herausbringen und die Geschichte der interessanten und hochverdienten kirchlichen Organisation … wissenschaftlich darstellen." Leitner hat viel Archivmaterial beigebracht; mit seinem Werk hatte er eigentlich eine damals gefährliche Aufgabe unternommen. Für den langen Abschnitt mit den Dokumenten erntete er aber gerade in den folgenden Jahrzehnten große Dankbarkeit.[10)]
Häufig erschienen auch kleine Bücher und Aufsätze, manche sogar mit der Approbation der Bischöfe von München-Freising und Augsburg. Einmal wurden wieder die negativen Erinnerungen an die Schriften der englischen Weltpriester gegen Maria Ward ins Gedächt-

nis gebracht; dies geschah im IV. Band von Dodd's Church History of England, von M. A. Tierney.
Im Jahr 1857 erschien im „Salzburger Kirchenblatt" ein längerer Artikel über „diese merkwürdige Frau, deren umsichtiger Wirksamkeit wir eine große Fülle segensreicher Anstalten für die Erziehung der Jugend verdanken." [11)]
Wenn auch da und dort nichts von dieser Gründerin zu hören war und anderswo Maria Wards Name nur mit gedämpfter Stimme genannt wurde, gab es auch ermutigende Ereignisse. Wer hätte 1809 bei dem erzwungenen Auszug der Mitglieder aus dem Paradeiserhaus zur Zeit der Säkularisation in Bayern hoffen können, dass die „Englischen" gut 30 Jahre später mit der Generaloberin in Nymphenburg eingezogen sein werden? Gerade nach den schwierigen Jahren der Säkularisation wurden aufgelöste Häuser wieder belebt. Maria, die nicht als Gründerin genannt werden durfte, konnte nicht vergessen werden. Im Jahr 1837 erfolgte vom Mutterhaus St. Pölten aus eine erste Gründung in Italien, in Vicenza. Und 1847 feierten die Mitglieder in Prag ihre erste Jahrhundertfeier; Maria Ward war das Herz dieses Festes. Wenn auch Zurückhaltung geboten war, erschien immer klarer, dass es Leute gab, die einen Weg suchten, um Maria Ward gerechtzuwerden; darauf wurde von vielen in europäischen Ländern gewartet, auch in Indien und in den Ländern, in denen die Loreto-Schwestern ihre Tätigkeit aufgebaut hatten.

Maria Ward Gründerin

Es gab viele Aufblicke zu der verborgenen Gründerin aus dem 17. Jahrhundert, herzliche Liebe vor allem von den Schwestern ihres Instituts.
Wie aber kam es zu einer Maria-Ward-Bewegung, die für sie in der Kirche öffentlich eintreten konnte? Wer etwas auf dies Ziel hin un-

ternehmen wollte, musste sich klar sein, der Weg werde nach Rom führen, auch wenn man dies noch nicht auf das erste Blatt dieser Bewegung schrieb. Viele Vorbereitungen waren nötig, Schritte ins Ungewisse. Den glücklichen Anfang machte der englische Weltpriester Canon Lawrence Toole in Manchester, auch Gründer des Loreto-Hauses in dieser Stadt.[12)] Benediktinerinnen, die sich in dem ehemaligen Haus der Maria-Ward-Schwestern in Hammersmith, London, niedergelassen hatten,[13)] schenkten dem ihnen bekannten Priester, was von den früheren Bewohnerinnen zurückgelassen war: ein Ölbild von Maria Ward und die englische Vita von Mary Poyntz. Doch das Interesse für Maria war in Canon Toole schon früher wach, seit 1851, wie er später schrieb.

Ihm schlossen sich zwei weitere Priester mit der gleichen Begeisterung für die Engländerin an. Canon John Thompson, Seelsorger im Bar Convent York, Daniel Henry Haigh, der vorhatte, über Maria Ward ein Buch zu schreiben.[14)] Die Priester sahen, wie notwendig zuerst die gute Kenntnis des Lebens von Maria Ward war. Zu einer Biographie brauchte man Dokumente, so viele auch verloren und zerstört worden waren. Toole schrieb an Thompson und brachte das Hauptproblem vor: „I do not ask to go against the Bull of Benedict and say she was the „Foundress", no, that is ecclesiastically forbidden - but you must acknowledege what is historically true that she is the origin of the whole Institute ..."[15)] Das sollte eine Biographie darlegen. Seit 1871 war Toole sich klar über die Schwierigkeit der Lage; er sah sich um, wer ein solches Werk schreiben könnte. Anliegen der ganzen Gruppe war, dass die Wahrheit ans Licht komme. Thompson schrieb: „My own wish is to have the truth brought out."[16)]

Der kleine Kreis erweiterte sich. Mit hohem Enthusiasmus für Maria Ward und mit ihrer unglaublichen Tatkraft schlossen sich die Irin Mary Joseph Edwards[17)] und der Postulator der englischen Martyrer P. John Morris S. J. an.[18)] M. Edwards wurde im Blick auf die Notwendigkeiten für Maria Ward Gründerin eines Hauses in England's Lane, London,

und 1885 in Ascot, ebenso 1897 in Rom; die Hauptstadt für Maria Ward war Rom. Von dort musste die gute Entscheidung herkommen. Diese Irländerin, eine Frau von allgemeiner Kultur, wenig vertraut mit kanonischen Begriffen, verteidigte von Anfang an das Recht, Maria Ward wieder Gründerin nennen zu dürfen. Pater Morris, auf das gleiche Ziel wie die ganze Gruppe gerichtet, brachte M. Edwards' gelegentliche Übertreibungen immer in ein gutes Gleichgewicht.
Historische Studien und Schreiben wurden außerordentlich nötig. Haigh hatte alles Vorhandene studiert, aber der Tod holte ihn 1879 aus dem Kreis heraus. Hinzu kam der Herausgeber von „The Month", Pater Henry J. Coleridge S.J.[19] zu dem Kreis. Wer sollte nun die Biographie schreiben? Toole konnte die Arbeit wegen seiner apostolischen Tätigkeit nicht übernehmen. Bei Pater Coleridge fehlte es weder an Interesse noch an Kenntnissen; auch er hatte schon viel Material gesammelt. Er war es, der die Verwirklichung des Projektes dem Mitglied des Instituts M. Elizabeth Chambers übergab.[20] Man kann fragen, warum er die Abfassung des Buches nicht selbst übernahm. Es scheint, dass er die Erlaubnis seiner Vorgesetzten dafür nicht erhielt, wollte doch die Gesellschaft Jesu mit der Sache Maria Wards auch damals noch nichts zu tun haben. P. Coleridge übergab seine ganze Sammlung der Autorin und schrieb auch für beide Bände ausgezeichnete Einleitungen. Chambers mit ihrem literarischen Talent und ihrer Sensibilität konnte beide Bände schon 1885 vorlegen. Mit Freude von allen Seiten wurde das Werk begrüßt und gelesen, auch die deutsche Übersetzung von 1888 und 1889.
Der Maria-Ward-Kreis wuchs nochmals weiter. Der zuerst sehr zurückhaltende Bar Convent York wurde durch Canon Thompson und P. Morris in die Begeisterung und Liebe für Maria Ward hineingenommen. Man brauchte auch Kräfte als Mitarbeiter. So wurde das Yorker Haus zu einem Schreib- und Übersetzungsbüro. Was in London zu tun war, geschah von den Schwestern der kleinen Kommunität in England's Lane.

Man ging nun an die Vorbereitung der ersten Bitte, die in Rom vorgelegt werden sollte. Hinter der englischen Gruppe standen nun auch die Institute, die deutschen noch mit einem Zögern wegen ihrer Bischöfe, die immer wieder zum Gehorsam gegen die Konstitution Benedikts mahnten; doch die Generaloberinnen von München, St. Pölten und die Oberin von Mainz gingen mutigen Schrittes mit, ebenso die Loreto-Schwestern von Rathfarnham, Manchester, Calcutta, Ballarat, Pretoria und Canada. Zunächst erreichte ein Appell das ganze Institut. Man fragte sich, wie Bischof Peter von Richarz von Augsburg reagieren werde und was man von München erwarten dürfe. Die Generaloberin Castiglione von St. Pölten schrieb: „Tatsache ist, die Bischöfe sind zufrieden, dass die Schwestern arbeiten und lehren, und es scheint, dass sie Maria Wards Wiedereinsetzung als Gründerin unnötig finden.“ Auch von Mainz kamen keine angenehmen Nachrichten. Die Provinzialoberin von Calcutta schrieb ebenfalls von den Bedenken des dortigen Bischofs, der nicht sehe, wie man auf die Anordnung von Benedikt XIV. zurückkommen könne. Doch viele Antworten auf die gesandten Briefe lauteten, Maria Ward solle vorangebracht werden. Sehr positiv reagierten Australien und Canada.
Nun lautete die Hauptfrage von P. Morris: Stellen die Worte von Benedikt XIV. ein definitives Hindernis dar für die Wiedereinsetzung Maria Wards als Gründerin? Soll man vorangehen oder nicht? Er schlug vor, nun in Rom einen guten Advokaten zu nehmen.[21)]
Für die Eingabe war die Unterstützung der Bischöfe nötig. 1890 schloss sich der Benediktiner von Ampleforth, Bischof Cuthbert Hedley,[22)] dem Kreis der Verantwortlichen an. M. Edwards sagte von ihm: „He enters heart and soul into the history of Mary Ward.“ Die Vorbereitung der Eingabe besorgte M. Ignatius Giles vom Bar Convent, die sich nun M. Loyola nannte. Kardinal Manning erklärte sich bereit, in Rom zu helfen. M. Loyola schrieb der Generaloberin nach München, dass von den 23 Erzbischöfen und Bischöfen 19 die Bittschrift unterzeichnet hätten.

Schwierig blieb noch die Lage in München. Nuntius Steinhuber schrieb: „Wenn Maria Ward Wunder wirkt, tut es das Heilige Offizium gewiss. Aber wo sind diese?“ [23] P. Steinhuber S. J. dachte wohl daran, die Eingabe werde der Inquisition vorgelegt.
M. Edwards bat den General der Gesellschaft Jesu, P. Morris die Reise nach Rom zu erlauben. Seine Anwesenheit dort schien dringendst nötig wegen seiner Person, die bekannt war, seiner Kenntnis des Rechtes und der ganzen Lage. Der General lehnte ab und gab auch auf die zweite Bitte eine Absage.
Die „Istanza“, die Eingabe, um Maria Ward Gründerin des Instituts Maria nennen zu dürfen, an Seine Heiligkeit unseren Papst Leo XIII., übergab Bischof Hedley 1891 mit den Unterschriften der Bischöfe an die Propagandakongregation.[24] Die Eingabe richtete sich auf die Wiederherstellung des guten Namens von Maria Ward und auf die Erlaubnis, sie wieder Gründerin nennen zu dürfen. Das große Schreiben wurde dann dem Heiligen Offizium übergeben. Am 15. März 1893 wiesen die Kardinäle das Anliegen des Gesuchs zurück: „Omnino negative“.
Der Kommissar des Heiligen Offiziums, Titularerzbischof von Calcedonia V.L. Sallva, teilte die Abweisung der Bitte der Propagandakongregation am 18. März 1893 mit.
Am 5. Dezember 1891 kam an die Suprema Congregatio ein Aktenheft von den sogenannten „Dame Inglesi“, in dem die Prüfung der Causa der Jesuitinnen und ihrer Gründerin erbeten wurde.
Nach Vorlegung der Angelegenheit in der Kongregation am 15. März vor den Eminenzen, wurde das folgende Dekret erlassen: „Was eine neue Prüfung der Causa von Maria Warth betrifft, absolut negativ: De novo examine causae Mariae Warth, omnino negative.“ [25]
Der Schlag ließ weltweit seinen Widerhall hören. M. Edwards hatte die Nachricht in Italien weiterzugeben. Die englischen Bischöfe mahnten, den Mut nicht sinken zu lassen. Bischof Clifford[26] munterte M. Edwards auf. Weder dieser Bischof noch P. Morris dachten, Maria

Wards Sache sei unwiderruflich verloren. Zwei hohe Helfer nahmen nun in Rom diskret und aktiv an der Maria-Ward-Bewegung teil. Als P. Morris einige Schwierigkeiten erklärte, hob er hervor, Mons. Merry del Val[27)] habe der Sache Maria Wards schon einen unglaublich hohen Dienst erwiesen; er sei es gewesen, der verhütet habe, dass die Angelegenheit dem Papst vorgelegt wurde. Mit Merry del Val gehörte auch der Abt-Präsident der Benediktiner P. Gasquet von Downside[28)] zu den wirksamsten Helfern in Rom.
Unaufhörlich wurde an einer neuen Eingabe gearbeitet. Am 6. August 1908 ließ Abt Gasquet in York wissen: „The cause of Mary Ward is going on well in Rome." Kurz zuvor hatte er eine Audienz beim Heiligen Vater gehabt. Und im Ganzen sei das Beste das Schweigen, wie man ringsum wissen ließ.
Kardinal Merry del Val glaubte, dass die Zeit für die Eingabe gekommen sei. Auch Abt Gasquet war in Rom. Merry del Val, nun Kardinal und Protektor des Instituts, legte die endgültige Bittschrift dem Papst Pius X. am 4. März 1909 vor. Am 6. April fiel die Entscheidung. Seine Heiligkeit unterzeichnete das Dekret, gewährte die Bitte des Instituts und sagte, Benedikt XIV. habe mit seinen Dekreten verhindern wollen, dass man die Mitglieder mit den Jesuitinnen des aufgehobenen Instituts gleichstelle; auch habe er die ganze Frage schon mit Gasquet und Merry del Val besprochen.
Abt Gasquet sandte Telegramme nach Nymphenburg, Ascot und York. Telefonate gingen nach London, Rathfarnham und St. Pölten. Am 20. April 1909 erfolgte die Veröffentlichung der guten Nachricht, als das Dekret der Kongregation der Bischöfe und Regularen übergeben war. Die damaligen Mitglieder des gesamten Institutes waren dankbar und voller Freude. Nach mehr als 150 Jahren hatten sie ihre Gründerin endlich wieder erhalten.
Das Dekret des Papstes Pius X., unterschrieben vom Präfekten der Kongregation der Bischöfe und Regularen, Kardinal Vives, ging am 20. April 1909, in alle Welt hinaus.

„Seine Heiligkeit haben bei der Audienz des unterzeichneten Kardinalpräfekten der Heiligen Kongregation der Regularen am 6. April 1909 zu bestimmen geruht:
Da geschichtlich durchaus feststeht, dass das Institut der seligen Jungfrau Maria oder allgemein der Englischen Jungfrauen nach der ersten rechtmäßig erfolgten Aufhebung durch Urban VIII., unter der Gunst des gleichen Papstes neu auflebte, wirklich M a r i a W a r d als Gründerin gehabt hat;
da nicht weniger feststeht, dass Benedikt XIV., wenn nicht aus Gründen der Klugheit, so aus besonderem Wohlwollen für die Englischen Jungfrauen in seiner Weisheit geboten habe, dass sie mit dem ersten Institut nicht verwechselt werden, sich enthalten sollten, Maria Ward ihre Gründerin zu nennen;
stehe nun nach der Besprechung mit dem Hochw. P. Aidan Gasquet, dem Praeses der Englischen Benediktinerkongregation und mit dem Kardinalprotektor des Instituts der seligen Jungfrau Maria nichts mehr dem Wunsch entgegen, dass das im christlichen Leben hochverdiente Institut Maria Ward als seine Gründerin auch öffentlich anerkennen könne, unbedacht aller anderen Dekrete des Heiligen Stuhles. Dem steht nichts entgegen.
Rom, den 20. April 1909 *Fr. I.C. VIVES*
L.S. *Praef.“*[29]

Die Mitglieder des gesamten Instituts waren dankbar und voller Freude. Endlich hatten sie ihre Gründerin wieder erhalten.

Abkürzungen

ACDF	Arch. della Congregatione pro Doctrina Fidei
AGR	Arch. Générales du Royaume, Brüssel
AIA	Arch. des Instituts Augsburg
AIM	Arch. des Instituts München/Nymphenburg
AIRom	Arch. des Instituts Rom (Generalat)
AIYork	Arch. des Bar Convent, York
APF	Arch. della Congregatione della Propaganda Fide
AV	Arch. Segreto Vaticano
BV	Biblioteca Apostolica Vaticana
Ch	M. E. Chambers, Leben der Maria Ward, Übersetzung aus dem Englischen, 2 Bde, Regensburg 1888,1889
Erzb. Arch. Wien	Erzbischöfliches Arch. Wien
HStAM	Hauptstaatsarchiv München
NS	Nymphenburger Sammlung der Briefe Maria Wards
Engl., Ital. Vita	Die Biographien von frühesten Gefährtinnen in AIYork, AIRom, AIM.

Anmerkungen

Ad I.

1) Joseph Grisar S. J., Der Endkampf um Maria Wards erste Ordensgründung (1628 - 1631), Stimmen der Zeit 113 (1927) 143. – Mutter Campiana war Oberin im Haus St. Omer.
2) ACDF, St. St., 0-3g, f. 128 rv; APF, SOCG, vol. 98, ff. 240 rv 241 v.
3) BV, Barb. lat. 7061, Litt. 25.
4) APF. SOCG, vol. 98, ff. 247 r 250 v.
5) ARSI, Anglia 38/ II, f. 32 r.
6) Siehe Ch II, S. 119: „Soli ..."
7) ACDF, Decreta 1630, f. 100 v.
8) Ebd., St. St., O-3g, ff. 111 r, 114 r, 116 v, nur in Fragmenten erhalten.
9) APF, SOCG, vol. 98, f. 260 rv.

Ad II.

1) Vgl. Chronik der Abtei Andechs in Bayern, Juni 1630, Abtei Andechs, Ephemerides Andeccenses, H5 – K 105, s.f.
2) ACDF, St. St., O-3g, ff. 100 rv 104 rv.
3) ARSI, Anglia 33 I, ff. 169 rv, 181 rv; AGR, Arch. Jésuitiques, Prov. Gallo-Belgigue, carton 32 a.
4) ACDF, St. St., 0-3g, f. 102 v.
5) siehe Anm. 3.
6) Das Verhör: ACDF, St. St., O-3g, ff. 105 – 124 r, 126 v; Compendium ff. 90 r – 92 v.
7) Die Verhandlungen über das Institut lagen bis zur Übernahme durch das Hl. Off. Ende November 1630 bei der Propaganda.
8) Mary Copley war überzeugt, dass mit der päpstlichen Aufhebung auch die Gelübde gelöst waren. Merkwürdigerweise wurde im Lütticher Aufhebungsdekret die Lösung der Gelübde nicht genannt, während die äußeren Zeichen des Gemeinschaftslebens aufgeführt sind.

9) Verhör der Bridget Heyd, ACDF, St. St., O-3g, ff. 112 v – 115 r. Die Lebensdaten der B. Heyd sind unbekannt. Nach einem Aufenthalt in Lüttich und England dürfte sie ab ca. 1650 bei der Pariser Gruppe gewesen sein.

Ad III.

1) ACDF, ebd., ff. 100 rv 104 rv; APF, SOCG, vol. 98, ff. 261 r 262 v.
2) APF, SOCG, vol. 205, ff. 445 v 446 r.
3) Ebd., Acta 7, f. 178 r. Das Dekret des St. Off. vom 22. Nov. 1630 fehlt.
4) ACDF, St. St., O-3g, ff. 96 – 98 r.
5) Ebd., Decreta 1630, ff. 196 v 197 r.

Ad IV.

1) Engl. Vita, Nr. 64.
2) ACDF, St. St., O-3g, ff. 161 rv 164 v.
3) Ebd., f. 157 rv.
4) J. Leitner, Geschichte der englischen Fräulein und ihrer Institute, Regensburg 1869, Urkundenbuch, S. 768.

Ad V.

1) ACDF, St. St., D-1 c.
2) Engl. Vita, Nr. 68.
3) ACDF, St. St., O-3g, ff. 145 r 147 v.
4) Ebd., f. 173 r.
5) Ebd., f. 180 r.
6) Ebd., ff. 176 rv 177 v.
7) Ebd., ff. 159 rv 160 v.
8) Ebd., ff. 160 rv 165 r.
9) Ebd., f. 165 v.
10) Ebd., ff. 192 rv 196 v.
11) Ebd., ff. 186 r 190 v.

12) Ebd., f. 165 v.

13) Ebd., ff. 179 rv 182 v.

14) Ebd., f. 209 r.

15) Ebd., f. 204 rv.

16) Ebd., ff. 215 r 218 v.

17) Ebd., f. 262 r.

18) Ebd., f. 227 r.

19) Ebd., Decreta 1631, f. 51 r; St. St., H 6-f, s.f.

20) Ebd., Decreta 1631, f. 43 v.

21) Ebd., St. St., O-3g, ff. 216 rv 217 r.

22) Ebd., St. St., O-3g, ff. 217 r 216 v 217 v.

23) AIM, NS 83; im Arch. der Inquis. nicht vorhanden.

24) ACDF, St. St., O-3g, f. 203 r.

25) Ebd., St. St., O-3g, f. 223 r.

Ad VI.

1) ACDF, St. St., 0-3g, ff. 226 rv 228 rv.

2) Ebd., Decreta 1631, f. 65 r.

3) Ebd., Decreta 1631, f. 77 r.

4) Ebd., Decreta 1631, f. 83 r.

5) Ebd., St. St., 0-3g, f. 283 r.

6) Engl. Vita, Nr. 80.

7) ACDF, St. St., 0-3g, f. 230 r; ff. 220 rv 221 v.

8) Ebd., St. St., 0-3g, ff. 251 rv 252 v.

9) Ebd., St. St., 0-3g, ff. 314 r, 319 r.

10) Ebd., Decreta 1631, f. 146 v.

11) Ebd., St. St., 0-3g, f. 271 r.

12) Ebd., St. St., 0-3g, f. 277 rv.

13) Ebd., St. St., 0-3g, ff. 278 rv – 279 v; Siegel 280 v.

14) Ebd., St. St., 0-3g, ff. 288 r, 289 v.

15) Ebd., St. St., 0-3g, f. 283 r.

16) Ebd., St. St., 0-3g, f. 283 v.

17) Ebd., St. St., 0-3g, ff. 290 rv, 291 v.
18) Ebd., St. St., 0-3g, ff. 282 rv, 284 rv.
19) Ebd., Decreta 1631, f. 111 v.
20) Ebd., St. St., 0-3g, ff. 308 rv, 310 v.
21) Ebd., St. St., 0-3g, ff. 207 r, 310 v.
22) Ebd., St. St., 0-3g, ff. 253 rv, 259 v; Decreta 1631, f. 109 rv.
23) Ebd., Decreta 1631 109 r.
24) Ebd., St. St., 0-3g, ff. 302 rv, 303 v.
25) Ebd., Decreta 1631, f. 133 rv.
26) Ebd., Decreta 1631, f. 115 v; St. St., 0-3g, ff. 327 r, 328 v.
27) Ebd., St. St., 0-3g, ff. 326 rv, 329 v.
28) Ebd., St. St., 0-3g, f. 330 r.
29) Ebd., Decreta 1631, f. 156 v.
30) Engl. Vita, Teil II, Nr. 23.
31) ACDF, St. St., 0-3g, f. 369 r.
32) Ebd., St. St., 0-3g, ff. 368 r, 371 v.
33) Ebd., St. St., 0-3g, ff. 344 r, 349 v; Decreta 1631, f. 183 v.
34) Ebd., St. St., 0-3g, ff. 408 r, 409 v.
35) Ebd., St. St., 0-3g, ff. 406 r, 407 v.
36) ARSI, Ven. 9/II, f. 430 v.
37) ACDF, St. St., 0-3g, ff. 412 rv, 413 v.
38) Ebd., St. St., 0-3g, ff. 445 r, 448 v; 446 r, 447 v; Decreta 1632, f. 41 v.
39) Ebd., St. St., 0-3g, f. 421 v.
40) Engl. Vita, Nr. 82, ebenso Ital. Vita, Nr. 82.
41) Vincenzo Pacetti (1662), Breve Racconto, AIM, S. 14 – 15.
42) ACDF, Decreta 1632, f. 80 r.
43) Ebd., St. St., 0-3g, ff. 463 rv, 464 v; ff. 458 rv, 459 v; ff. 460 r, 461 v.
44) Ebd., Decreta 1632, f. 118 v.

Ad VII.

1) ACDF, St. St., 0-3g, ff. 145 r, 147 v.
2) Ebd., St. St., 0-3g, ff. 147 rv, 148 v.
3) Ebd., Decreta 1631, f. 30 r.
4) Ebd., St. St., 0-3g, ff. 172 rv, 175 v.
5) Ebd., St. St., 0-3g, f. 243 r.
6) Ebd., St. St., 0-3g, ff. 244 r – 246 r.
7) Ebd., St. St. 0-3g, ff. 246 rv – 247 rv.
8) Ebd., St. St., 0-3g, f. 235 r.
9) Ebd., St. St. 0-3g, ff. 172 rv, 175 v; ff. 178 rv, 183 v.
10) Ebd. St. St., H 6-f, s.f.; Decreta 1631, f. 43 v.
11) Ebd., St. St. 0-3g, f. 210 r; ff. 208 rv, 213 v.
12) Ebd., St. St. 0-3g, ff. 215 r, 218 v; 214 rv, 219 v.
13) Ebd., St. St., 0-3g, ff. 247 rv, 248 v.
14) Ebd., St. St., 0-3g, ff. 265 r – 269 r.
15) Ebd., St. St., 0-3g, f. 271 r, f. 277 rv, ff. 278 rv – 280 v.
16) Ebd., St. St. 0-3g, ff. 304 rv, 306 rv.
17) Ebd., St. St., 0-3g, f. 305 r.
18) Ebd., St. St., 0-3g, ff. 222 r, 225 v; 249 rv, 250 rv.
19) Ebd., Decreta 1631, f. 71 v.
20) Ebd., St. St., 0-3g, ff. 233 r, 234 v.
21) Ebd., St. St., 0-3g, ff. 313 rv, 315 v; ff. 318 rv, 321 v.

Ad VIII.

1) ACDF, St. St., 0-3g, ff. 294 r – 299 v 301 v (Instruktion, 16. Juli 1631)
2) Ebd., St. St., 0-3g, ff. 355 r – 361 v (Verhör, 16. Sept. 1631)
3) Ebd., St. St., 0-3g, ff. 334 rv, 335 v.
4) Ebd., St. St., 0-3g, f. 364 rv.
5) Ebd., St. St., 0-3g, ff. 364 r, 365 v.
6) Ebd., Decreta 1631, f. 203 v.
7) Ebd., St. St., 0-3g, ff. 410 r, 411 v.
8) Ebd., St. St., 0-3g, ff. 449 r, 450 v.

9) Ebd., St. St., 0-3g, f. 452 r.
10) Ebd., St. St., 0-3g, ff. 451 r, 453 v.
11) Ebd., St. St., 0-3g, ff. 454 rv, 455 v.
12) Ebd., St. St., 0-3g, ff. 456 r, 457 v.
13) Ebd., Decreta 1632, f. 101 r.
14) Ebd., St. St., 0-3g, ff. 417 r, 472 v.
15) Ebd., Decreta 1633, f. 7 r.

Ad IX.

1) BV, Barb. lat. 6551, ff. 103 r – 109 v.
2) Erste Veröffentlichung für das Institut bei J. Leitner, S. 761 – 767 in Latein, deutsche Zusammenfassung S. 57 – 60.
3) ACDF, St. St., 0-3g, f. 137 r.
4) Ebd., St. St., 0-3g, f. 292 r, ff. 313 rv, 315 v; f. 311 r, ff. 316 r, 317 v; ff. 324 r, 325 v.
5) M. Fridl, Engl. Tugend-Schul, Augsburg 1732, Bd. I, Nr. 253, S. 323; Bd. II, Nr. 691, S. 380.
6) J. Leitner, S. 59/60.
7) Ch, Bd. II, S. 319.
8) H. Peters, Mary Ward. Ihre Persönlichkeit und ihr Institut, Tyrolia, Innsbruck-Wien 1991, S. 855.
9) J. Grisar S. J., Das erste Verbot der Ordensgründung (1628), StdZ, 113, S. 34 – 51.

Ad X.

1) AIM, NS 21.
2) APF, SOCG, vol. 347, f. 42 rv.
3) ACDF, Decreta 1631, ff. 14 v, 15 r.
4) Ebd., St. St., 0-3g, ff. 149 r, 156 v.
5) Ebd., St. St., 0-3g, f. 150 r; f. 151 r.
6) Ebd., St. St., 0-3g, f. 152 rv.
7) Ebd., Decreta 1631, f. 19 r.

8) Ebd., St. St., 0-3g, f. 166 r.
9) Ebd., St. St., 0-3g, ff. 167 r – 169 r.
10) Ebd., Decreta 1631, f. 43 v.
11) Ebd., St. St., 0-3g, ff. 184 rv, 185 v.
12) Ebd., Decreta 1631, f. 60 r.
13) Ebd., St. St., 0-3g, ff. 201 rv, 202 v.
14) Ebd., Decreta 1631, f. 64 v.
15) Ebd., St. St., 0-3g, f. 198 rv.
16) Ebd., St. St., 0-3g, f. 292 r.
17) P. Guilday, The English Cath. Refugees on the Continent, 1558 – 1798, London 1914, p. 208.
18) ACDF, St. St., 0-3g, f. 335 v.
19) Ebd., St. St., 0-3g, ff. 334 rv, 335 rv.
20) Ebd., Decreta 1631, f. 162 r.
21) Ebd., Decreta 1631, f. 170 v.
22) Ebd., St. St., 0-3g, ff. 367 r, 372 v.
23) Ebd., Decreta 1631, f. 212 v.
24) Ebd., St. St., 0-3g, ff. 403 r – 404 r, 405 v.
25) Ebd., St. St., 0-3g, ff. 402 r, 405 v.
26) Ebd., Decreta 1631, f. 217 v.
27) Ebd., St. St., 0-3g, ff. 418 rv, 421 v.
28) Ebd., Decreta 1632, f. 31 rv.
29) Ebd., St. St., 0-3g, ff. 501 rv, 505 v.
30) Ebd., Decreta 1637, f. 166 v.
31) Ebd., St. St., 0-3g, ff. 506 rv, 517 rv, 525 v.
32) Ebd., Decreta 1639, ff. 13 v, 14 r.
33) Ebd., St. St., 0-3g, ff. 507 rv, 516 v.
34) Ebd., St. St., 0-3g, ff. 508 rv, 509 rv, 514 r.
35) Ebd., St. St., 0-3g, f. 510 rv.
36) Ebd., Decreta 1639, f. 80 r; Decreta 1640, ff. 116 r, 117 v.
37) Ebd., St. St., 0-3g, ff. 526 rv, 527 v; ff. 527 rv, 528 v.
38) Ebd., Decreta 1640, f. 172 v.

Ad XI.

1) ACDF, St. St., 0-3g, ff. 253 rv, 259 v.
2) Ebd., Decreta 1631, f. 109 rv.
3) Ebd., Decreta 1632, f. 159 r.
4) Ebd., Decreta 1633, f. 7 r; f. 12 v.
5) Ebd., St. St. 0-3g, ff. 470 rv, 473 v.
6) Ebd., Decreta 1633, f. 12 rv.
7) Ebd., St. St. 0-3g, ff. 474 r, 475 v.
8) Ebd., Decreta 1633, f. 16 r.
9) Ebd., St. St., 0-3g, ff. 476 r, 478 v, 477 v.
10) Ebd., Decreta 1633, f. 215 r. Dazu bringt f. 477 v von anderer Hand den Hinweis auf die Bulle „§ 5: Ut extra eiusmodi Collegia vel domus, ubi hactenus habitarunt, aliae ab aliis seorsum degant" etc.
11) Vgl. M. Fridl, Bd. I, Nr. 183, S. 235-6.
12) Arch. Liège, Etat de Liège, vol. 60 ff. 86 v, 95 r, 96 r, 98 v ; vol. 61, f. 19 r. vgl. H. Peters, S. 896.
13) AIM, NS. 37.
14) Ebd., NS 104 ; Ch II, S. 327/328.
15) Erzb. Archiv Wien, Altes Archiv I/L 30.
16) ACDF, St. St., 0-3g, f. 369 r.
17) Ch II, S. 223.
18) HStAM, Kl. Lit. 434/10, ff. 10 rv, 19 r.
19) HStAM, Geh. StA., Corresp. Crivelli 1631.
20) HStAM, Kl. Lit. 434/10, ff. 20 r – 21 v.
21) Ebd., Kl. Lit. 434/10, ff. 23 r, 24v; 25 rv, 26 v.
22) Ebd., Kl. Lit. 434/10, ff. 38 r, 37 v.
23) AIM, NS 93.
24) Ebd., NS 94.
25) Ebd., NS 95.
26) BV, Barb. lat. 8620, ff. 58 r, 63 v.
27) AIM, NS 96.
28) Ebd., NS 109.

29) Ebd., NS 100.
30) Ebd., NS 101.
31) Ebd., NS 103.
32) BV, Ruoli di Papa Urbano VIII., Nr. 13, ff. 17 r, 18 v.
33) HStAM, Kl. Lit. 434/10, ff. 3 r – 4 v.

Ad XII.

1) ACDF, St. St., 0-3g, ff. 480 rv, 481 v.
2) Ebd., St. St., 0-3g, ff. 479 r, 482 v.
3) Ebd., St. St., 0-3g, f. 482 v.
4) Ebd., Decreta 1634, f. 45 v.
5) Ebd., Decreta 1634, f. 49 r.
6) Ebd., Decreta 1634, f. 54 v.
7) Engl. und Ital. Vita, Nr. 84.
8) ACDF, St. St., 0-3g, ff. 483 r, 484 v; Decreta 1634, f. 76 v.
9) Ital. Vita, Nr. 85.
10) ACDF, Decreta 1634, 127 r.
11) Ebd., St. St., 0-3g, ff. 485 r, 488 v.
12) Ebd., St. St., 0-3g, ff. 486 r, 487 v.
13) Ebd., Decreta 1634, 139 r.
14) Ebd., St. St., 0-3g, ff. 490 r, 491 v.
15) Ebd., St. St., 0-3g, ff. 489 r, 492 v.
16) Ebd., Decreta 1634, f. 154 r; St. St., E 33, s.f.
17) Ebd., St. St., 0-3g, ff. 493 r, 494 v.
18) Ebd., St. St., 0-3g, ff. 496 r, 499 v.
19) Ebd., St. St., 0-3g, ff. 495 r, 501 v; f. 497 rv.
20) Ebd., Decreta 1634, f. 193 v.
21) Ital. Vita, Nr. 91.

Ad XIII.

1) ACDF, Decreta 1635, f. 142 v (stark zerstört); f. 147 r (ohne Entscheidung des Papstes).
2) Engl. Vita, Nr. 94, 95.
3) ACDF, Decreta 1637, f. 123 r.
4) Ebd., Decreta 1637, f. 127 r.
5) Engl. und Ital. Vita, Nr. 95.
6) HStAM, Kl. Lit. 432/1, f. 27; siehe Fridl I, ad Nr. 359; J. Leitner, Urkundenbuch, Nr. 24, S. 747.
7) BV, Barb. lat. 8620, f. 59 r, Original.
8) Maria Ward an Urban VIII. und an Kardinal Francesco Barberini, beide Briefe von Lüttich, 19. Nov. 1638; BV, Barb. lat. S. 8620, ff. 59 r, 60 rv 61v.
9) Engl. und Ital. Vita, Nr. 96 – 98, 100 – 101.

Ad XIV.

1) AIM; auch Schulungsbrief 9, S. 30.
2) APF, Acta 6, ff. 85 r – 87 v.
3) AV, Misc. Arm. III, vol. 37, ff. 213 r – 215 r; ADCF, St. St., 0-3g, ff. 161 rv, 164 v; J. Grisar S.J., Maria Wards Institut vor römischen Kongregationen, Rom 1966, S. 763 – 770; J. Leitner, Urkundenbuch, Nr. 15, S. 767 – 768.
4) HStAM, Kl. Lit. 432/ I, f. 27; J. Leitner, Urkundenbuch Nr. 24, S. 774; BV, Barb. lat. 8620, f. 59, Original; Ch II, S. 377 – 378.
5) BV, Barb. lat. 8620, ff. 66 rv, 69 v; Ch II, S. 392 – 393.
6) Der Bulle Urbans VIII. folgend, geht Benedikt XIV. auf seine Konstitution „Quamvis justo" zu: Benedictus XIV., Boll Const., t. 14, ff. 169 r – 209; J. Leitner, Urkundenbuch, Nr. 49, S. 817 – 842.
7) Bestätigung der 81 Regeln durch Papst Clemens XI., 13. Juni 1703; J. Leitner, Urkundenbuch, Nr. 41, S. 792 – 807.
8) AIA, Diarium des Augsburger Hauses, 1756 – 1792, S. 20.

9) Joh. Nep. Buchinger, Erinnerungen ..., Oberbayr. Archiv für vaterländische Geschichte, Bd. XVII (1867), S. 515 – 573.

10) J. Leitner, Die Geschichte der engl. Fräulein und ihrer Institute, Regensburg 1869, Vorrede S. V.

11) Salzburger Kirchenblatt, Jahrgang 6, 17. Dez. 1857.

12) Lawrence Canon Toole, von 1847–1892 Rector von St. Wilfrid's, Manchester; Gründer des Loreto-Instituts in Manchester.

13) Die Engl. Fräulein unterrichteten bis 1781 in Hammersmith, London; in das von ihnen dann verlassene Haus zogen Benediktinerinnen ein, die aus Frankreich geflüchtet waren. Siehe M. Gregory Kirkus, An I.B.M.V. Biographical Dictionary (1667 – 2000), Cath. Rec. Soc. 2000, pp. 3-5.

14) Canon John Thompson, 1814–1848, seit 1841 Seelsorger im Bar Convent York. – Priester Daniel Henry Haigh, gest. 1879, sammelte Dokumente, um eine Maria-Ward-Biographie zu schreiben. Siehe M. Greg. Kirkus, S. 165, 166; S. 94.

15) AIYork, Mary Ward 15/2/2/2.

16) AIYork, Mary Ward 15/2/9/2.

17) Mary Joseph Edwards, 1826–1901, Irin, trat in Balbriggan bei den Loreto-Schwestern ein und ging dann mit der Irin M. Ignatius Barratt nach Gloucester zur Gründung einer Schule. Nach deren Tod verließ M. Edwards Gloucester und gründete 1872 in Haverstork Hill, England's Lane, London, eine Schule. Sie gehörte mit großer Begeisterung der Maria-Ward-Bewegung an. In England's Lane trat Cath. Eliz. Chambers in das Institut ein. Siehe M.G. Kirkus, S. 129, 133.

18) P. John Morris S.J., 1826 – 22. Okt. 1893, geb. in Madras, studierte in Cambridge, konvertierte, wurde 1849 Priester; von Kard. Wiseman beauftragt zur Erforschung der Geschichte der englischen Martyrer, wurde er Sekretär von Wiseman, dann von Kard. Manning; er trat 1867 in die Gesellschaft Jesu ein und setzte seine Arbeit für die englischen Martyrer fort, kam in Kontakt zum Bar Convent und zur Maria-Ward-Bewegung. Ein sehr lebendiger Briefwechsel mit M. Edwards ist erhal-

ten. Sein Tod 1893 war ein großer Verlust für den Maria-Ward-Kreis. Vgl. G. Kirkus, S. 133.

19) P. Henry James Coleridge S.J., 1822–1893, trat als anglikanischer Priester 1852 in die katholische Kirche ein; nach seiner Priesterweihe 1856 wurde er 1857 Mitglied der Gesellschaft Jesu, Herausgeber von „The Month", war historisch und literarisch sehr begabt. Er wurde der Herausgeber der beiden Bände von Chambers.

20) Cath. Eliz. Chambers, 1821 – 1886, trat in eine anglikanische Schwesterngemeinschaft ein; sie half in vielfältigen sozialen Aufgaben und Hilfswerken. 1876 verließ sie diese Gemeinschaft und kam zur katholische Kirche. Freunde, J. H. Newman und P. Coleridge schlugen ihr Ordenshäuser vor. Sie trat 1879 bei M. Edwards ein in Haverstock Hill, London; durch diese lernte sie Maria Ward kennen; mit ihr reiste sie 1891 nach ihrer Profess nach Belgien, München und Augsburg, um Material für ein Maria-Ward-Buch zu sammeln. Sie starb im Jahr nach der Fertigstellung der zweibändigen Biographie. Siehe G. Kirkus, S. 59/60.

21) Am 11. November 1889 war P. Morris in Augsburg und lernte das Gemalte Leben auf dem Speicher des Hauses kennen. So gerne hätte er die Tafeln nach England mitgenommen. Er besuchte auch den Bischof von Augsburg, der voll Lob über das Augsburger Institut war und auch sagte, dass die Bulle Benedikts XIV. dort treu beachtet werde.

22) Bischof John Cuthbert Hedley OSB von Ampleforth, 1837 – 1913, war von 1873 ab Auxiliarbischof, dann Bischof von Newport and Menevia.

23) AIYork, Box: Ascot House, Brief vom 21. Januar 1891.

24) „Istanza per poter chiamare Maria Ward Fondatrice dell'Instituto di Maria, umiliata alla Santità di Nostro Signore Leone PP. XIII, felicemente regnante." Erhalten in APF, AIM, AIRoma.

25) Brief des Kommissars des Heiligen Offiziums, Titularerzbischof V.L. Sallva an die Propaganda-Kongregation, Rom, 18. März 1893. – APF, N.5.8, Rubrica 13/1893, f. 349 r, Original.

26) William Clifford, Bischof von Clifton, 1857 – 1893.

27) Raffaele Merry del Val, 1865 – 1930, 1898 Priesterweihe, Kardinal 1903, immer in wichtigen Ämtern der Kurie; Kardinalprotektor des I.B.M.V.

28) Francis Aidan Gasquet OSB of Downside, 1846 – 1929, Abt Praeses der Benediktiner Englands von 1900 – 1907; Mitarbeiter in der päpstlichen Kommission für die Vulgata; 1914 Kardinal.

29) Dekret des Papstes Pius X. an die Kongregation der Bischöfe und Regularen vom 20. April 1909, AV, Congr. Vesc. et Reg., nr. 1606/09, Original.